Margarida, coragem e esperança

CONSELHO EDITORIAL

Andréa Sirihal Werkema
Ana Paula Torres Megiani
Eunice Ostrensky
Haroldo Ceravolo Sereza
Joana Monteleone
Maria Luiza Ferreira de Oliveira
Ruy Braga

Camilo Vannuchi

Margarida, coragem e esperança

*Os Direitos Humanos na trajetória
de Margarida Genevois*

alameda

Copyright © 2021 Camilo Vannuchi

Grafia atualizada segundo o Acordo Ortográfico da Língua Portuguesa de 1990, que entrou em vigor no Brasil em 2009.

Edição: Haroldo Ceravolo Sereza
Editora assistente: Danielly de Jesus Teles
Projeto gráfico e diagramação: Danielly de Jesus Teles
Capa: Camilo Vannuchi
Assistente acadêmica: Tamara Santos
Revisão: Alexandra Colontini
Imagem de capa: *Margarida Genevois*, foto de Bob Wolfenson

CIP-BRASIL. CATALOGAÇÃO NA PUBLICAÇÃO
SINDICATO NACIONAL DOS EDITORES DE LIVROS, RJ

V343m

Vannuchi, Camilo
    Margarida, coragem e esperança : os direitos humanos na trajetória de Margarida Genevois / Camilo Vannuchi. - 1. ed. - São Paulo : Alameda, 2021.
    330 p. ; 21 cm.
Inclui bibliografia
ISBN 978-65-5966-034-6

1. Genevois, Margarida, 1923-. 2. Ativistas pelos direitos humanos - Brasil - Biografia. I. Título.

21-71417   CDD: 923.6
                              CDU: 929:342.7

ALAMEDA CASA EDITORIAL
Rua 13 de Maio, 353 – Bela Vista
CEP 01327-000 – São Paulo, SP
Tel. (11) 3012-2403
www.alamedaeditorial.com.br

Para Maria Lúcia, minha mãe

A esperança tem duas filhas lindas: a indignação e a coragem. A indignação nos ensina a não aceitar as coisas como estão; a coragem, a mudá-las.

Atribuído a Santo Agostinho

Flutuamos entre dois sentimentos, num mesmo coração, em horas decisivas: o desalento e a esperança. Cristão algum, se desejar ser digno desse nome, pode sucumbir, dar voz ao desalento.

Dom Paulo Evaristo Arns,
em *Clamor do povo pela paz*

Sumário

Apresentação 11
Marco Antônio Rodrigues Barbosa e André Ricardo Abbade Liberali

Prefácio 15
Maria Victoria de Mesquita Benevides

1. A ponte 21

2. A marcha da Margarida 35

3. Um convite do arcebispo 43

4. Um acontecimento social da maior expressão 61

5. "A senhora salvou a vida dele" 79

6. Coração de estudante 97

7. Agora é que são elas 111

8. Uma nova Igreja 149

9. Coragem em tempos terríveis 163
(os dias eram assim)

10. Uma trabalhadora na Febem 181

11. O povo contra a Lei de Segurança Nacional 189

12. As viagens · 205

13. Educação em Direitos Humanos · 229

14. De volta ao Araguaia · 251

15. A Rede · 265

16. De esperança em esperança · 307

Receita de Margaridão · 319

Agradecimentos e considerações · 321

Bibliografia consultada · 327

Apresentação

Marco Antônio Rodrigues Barbosa
André Ricardo Abbade Liberali

A trajetória e as memórias de Margarida Bulhões Pedreira Genevois são uma inspiração para não desistirmos das lutas atuais, sobretudo da luta pela plenitude da vigência dos Direitos Humanos para todos.

Este livro nasceu de uma ideia: que mais pessoas deveriam ter acesso a essa personalidade inspiradora, que sempre nos motiva a ser mais, a fazer a diferença. Margarida já travou, em tempos sombrios, lutas que incluem, entre outras tantas, a defesa e a implementação dos Direitos Humanos neste país, a ampliação do papel da mulher na sociedade, um olhar sensível sobre os excluídos e os marginalizados, o repúdio às diferentes formas de preconceito e discriminação, o questionamento vigoroso das origens das injustiças sociais.

Em 2019, no Retirinho de São Paulo – um encontro que reúne membros dos diferentes grupos de oração liderados por Frei Betto, entre eles Margarida –, ouvimos muitas histórias vividas por ela, que tocavam diretamente nossas almas. Nos sentíamos muito privilegiados em nossos lugares de escuta, enquanto pensávamos em formas de compartilhar com mais pessoas o generoso presente que recebíamos e que nos enlevava. Ali, cogitamos pela primeira vez transformar essas histórias em livro – instrumento valiosíssimo para fazer ecoar o testemunho de Margarida e, direta ou indiretamente, reafirmar os fundamentos e a urgência dos Direitos Humanos.

Entusiasmados, começamos a pensar em nomes: quem poderia escrevê-lo? Seria mais indicado alguém próximo de Margarida, conhecedor de muitas de suas histórias, ou alguém mais distante, que as buscaria por meio de leituras e entrevistas? A solução foi o caminho do meio: alguém não tão próximo de Margarida, mas com experiência na escrita de biografias, afeito aos temas dos Direitos Humanos e criado numa família que comunga dos mesmos valores humanistas que nós. Após chegarmos ao nome de Camilo Vannuchi, fomos conversar com ele. Às voltas com diferentes trabalhos, Camilo se animou e encarou o desafio de colocar o projeto de pé no prazo de um ano. Entrevistas e pesquisas seriam feitas durante o período de isolamento social, em função da pandemia de Covid-19. Camilo propôs a Alameda Editorial, sugestão prontamente acatada por nós, em razão da qualidade e da variedade de títulos relacionados aos Direitos Humanos.

Definidos autor e editora, a etapa seguinte foi alinhar o projeto com Maria Victoria de Mesquita Benevides e identificar potenciais financiadores. Em seguida, acertar o escopo e, finalmente, apresentar a proposta a Margarida, para que ela autorizasse sua execução. Foi uma grande alegria presenciar a sensibilidade social de Margarida, que mais uma vez alertou para a necessidade de priorizar as pessoas que sofrem, entendendo ser mais oportuno o apoio aos vulneráveis do que o financiamento deste projeto. Sendo assim, Margarida sugeriu que os direitos autorais fossem doados a um projeto social – e recomendou a ação do Padre Júlio Lancellotti junto às pessoas em situação de rua.

Familiares, amigos, colegas de luta e admiradores tornaram esta biografia possível.

O livro agora é realidade! Viva Margarida! Viva o seu legado! Viva a sua vida!

Prefácio

Maria Victoria de Mesquita Benevides

> "Aprendi muito com Dom Paulo e tenho certeza de que sua presença estará sempre a nos iluminar. Podemos sentir medo ou insegurança, mas sempre lembraremos de sua voz firme a nos dizer: "Coragem!"
>
> Margarida

Quem é essa mulher valente, que surge, nas primeiras páginas deste livro, a enfrentar policiais armados na repressão aos garimpeiros do Pará, um Estado tão marcado pela violência dos senhores das terras – e também pelos senhores da morte?

Quem é essa jovem mulher, que deixa seu querido Rio de Janeiro, o verde mar e as belas montanhas cariocas, para viver uma história de amor numa fazenda no interior de São Paulo – onde descobrirá sua vocação imorredoura para transformar caridade em ações de cuidado e justiça?

Quem é essa mulher, tão corajosa quanto elegante, a primeira leiga a representar o cardeal arcebispo em eventos no país e no exterior, e que vence a "timidez disfarçada" para discursar e enfrentar autoridades, em plena ditadura civil-militar, na escuta e na defesa dos perseguidos, dos torturados, dos presos e dos familiares dos "desaparecidos" políticos em desespero? Essa mulher é incrível, mas existe! E, hoje, aos 98 anos, Margarida denuncia a necropolítica do Governo Federal, assina manifestos e participa das reuniões da Comissão Arns de Direitos Humanos. "Quero morrer em pé, trabalhando", afirma, confiante.

São muitos os motivos para a urgência desta biografia – incompleta, é claro, frente ao tamanho e à riqueza da vida e da obra –, mas um motivo essencial deve ser enfatizado: vivemos a pior fase de nossa história, tempos sombrios e cruéis, uma "tempestade perfeita" em 2021, com crise sanitária, social, econômica, política e ambiental, além do clima de ódio e dos casos terríveis do racismo que humilha e mata. E, como sempre, essas crises atingem mais duramente os já socialmente marginalizados.

Para os defensores dos Direitos Humanos, as responsabilidades são imensas. É preciso força moral e coragem na resistência, é preciso solidariedade ativa e, sobretudo, estarmos juntos nas lutas que continuam e exigem de nós organização, objetividade e, claro, uma boa dose de esperança.

Ninguém mais exemplar do que Margarida para reforçar o nosso ânimo e escorar nossas fraquezas. Por isso este livro é necessário. Vamos espalhá-lo pelo Brasil – e, certamente, haverá quem queira traduzi-lo para os *hermanos de Nuestra America*.

Tivemos a sorte de contar com o talento e a sensibilidade do jornalista-escritor Camilo Vannuchi para selecionar e "costurar" recortes dessa vida intensa e apaixonada, que certamente o encantou durante as entrevistas e as pesquisas no rico arquivo de sua biografada. Camilo foi premiado com um belo tema, e Margarida – mulher culta, luminosa, feminista à frente de seu tempo, sempre solidária e sempre capaz de motivar e consolidar amizades entre gerações – conquistou mais um jovem amigo e admirador.

Margarida Bulhões Pedreira nasceu numa família de juristas. A prática do Direito, no seu sentido mais nobre e humanista, marcou sua adolescência e juventude. Aos 21, casou-se com Lucien Genevois (1901-1979), engenheiro nascido em Lyon, na França, recém-nomeado diretor da Fazenda da Rhodia, em Campinas, onde o casal foi morar. Lucien vinha da classe operária, um meio familiar bem diferente do de Margarida. Começou a trabalhar aos 12 anos, como aprendiz-desenhista na Rhône-Poulenc, indústria química onde faria carreira. Enviado ao Brasil para passar dois anos, o jovem foi ficando, até se tornar, como ele dizia, "o francês mais brasileiro que existe".

Margarida tornou-se Margarida Genevois. Ciente de sua posição privilegiada, desenvolveu um intenso trabalho social junto às famílias dos colonos, atividade que a marcou de maneira indelével. São emocionantes os relatos sobre os cuidados com as crianças e as mães no posto de puericultura que ela instalou na fazenda.

Até hoje, Margarida recebe notícias e votos de gratidão daquelas famílias, às quais muito ensinou e com as quais muito aprendeu.

Com a aposentadoria de Lucien, em meados dos anos 1960, o casal se fixou em São Paulo com as três filhas – Marie-Louise, Rose-Marie e Anne-Marie – e o filho, Bernard. A mudança de cidade, aos 43 anos, representou também uma mudança significativa na trajetória de Margarida, agora estudante de Sociologia, engajada num projeto pioneiro de formação e transformação social voltada para as mulheres, como logo se verá.

Em 1972, um encontro extraordinário mudou sua vida: por indicação do amigo Fábio Konder Comparato, Margarida aceitou participar da Comissão Justiça e Paz de São Paulo, recém-criada por Dom Paulo Evaristo Arns. O cardeal logo estabeleceria com ela grande afinidade e absoluta confiança. "Foi esse convite que me fez descobrir o sentido que daria à minha vida", ela diz. "E, desde então, a defesa dos Direitos Humanos e os projetos de Educação em Direitos Humanos tornaram-se minha principal preocupação". Ouso dizer: sua paixão.

Margarida presidiu a Comissão em três ocasiões. Participou com entusiasmo do programa Educação em Direitos Humanos, cujo projeto inicial foi escrito por Marco Antônio Rodrigues Barbosa, e liderou a formação da Rede Brasileira de Educação em Direitos Humanos, a REDH, com representações em diferentes Estados. Recentemente, a REDH foi relançada, com o mesmo entusiasmo da primeira turma e novas adesões. E Margarida está lá, interessada, participativa, confiante na defesa da dignidade humana.

Margarida é uma mulher de fé. De família e colégios tradicionais católicos, ela foi, aos poucos, compreendendo a força ética do cristianismo da Teologia da Libertação. Em outros termos, decidiu ser radicalmente cristã na defesa dos Direitos Humanos. É, portanto, com alegria e esperança renovadas que acompanha o Papa Francisco e sua *Fratelli tutti*, encíclica em que o amor fraterno e a amizade social são apresentadas como ingredientes principais para a construção de um mundo melhor e mais justo.

Margarida, insisto, é uma mulher de fé, o que certamente a sustenta com sofrida serenidade depois da partida de Annie, a filha caçula. Tenho saudade de Annie. Como ela morava no mesmo prédio que a mãe, estava com frequência à mesa nas muitas refeições que tive a alegria de partilhar, ocasiões em que tecia críticas políticas certeiras, com afiado senso de humor. Com reconhecida imodéstia, me considero irmã de Margarida. Daí, simplesmente me apresentava às novas sobrinhas como me considero: a Tia Vic.

Hoje, Margarida não tem ilusões sobre as ameaças recorrentes à democracia e aos Direitos Humanos no Brasil e no mundo. Mas ela sabe, por experiência própria, dos avanços no reconhecimento dos direitos fundamentais e na elaboração de políticas públicas pertinentes, e entende que esses avanços, estruturais, serão retomados. A criação da Secretaria Nacional de Direitos Humanos e a publicação do Plano Nacional de Direitos Humanos, em suas três versões, nos governos Fernando Henrique e Lula, são exemplos dessas conquistas. Hoje, ela diz, trata-se de buscar forças e defender a democracia como o regime político que melhor reconhece, garante e promove os Direitos Humanos. Não podemos desistir.

Margarida sabe que muitos se referem aos Direitos Humanos, à igualdade e à justiça como utopias. Que seja! Neste sentido, ela acompanha o teólogo Leonardo Boff quando ele diz que a paz e a democracia, por sua natureza, possuem forte densidade utópica. "São anseios que nunca vão se realizar plenamente na História. Nem por isso são destituídos de sentido", ele afirma. "Os anseios, as utopias e os sonhos nos desinstalam, nos obrigam a caminhar e a buscar sempre novas formas de democracia e de paz. São como as estrelas. Não podemos alcançá-las, mas são elas que nos iluminam as noites e orientam os navegantes".

P.S. O relato neste livro sobre o recado "Fulano foi à farmácia" é ótimo, mas não vou dar *spoiler*. Exemplo do fino senso de humor da família.

Maio de 2021

1
A ponte

FOI UM MASSACRE. A noite começava a cair quando quase quinhentos soldados da Polícia Militar do Pará avançaram pelas duas extremidades da ponte. Os disparos de fuzis e metralhadoras se estenderam por quinze minutos. No centro da ponte, ao norte de Marabá, cerca de três mil manifestantes acampados foram encurralados enquanto se organizavam em fila para servir o jantar, improvisado ali mesmo. Passavam quinze minutos das 19 horas do dia 29 de dezembro de 1987, uma terça-feira.

À medida que os policiais se aproximavam, o desespero se alastrou feito rastilho de pólvora. Uma criança pareceu desmaiar em razão do gás lacrimogênio. Uma gestante foi baleada. Com olhos em chamas e gargantas ardendo, os acampados tentavam ajudar uns aos outros enquanto buscavam uma rota de fuga, completamente desarmados, incrédulos diante da violência desproporcional. De ambas as margens, ecoavam estampidos letais. Sem ter para onde correr, um primeiro manifestante pulou da ponte, na esperança de sobreviver ao vão de 74 metros que o separava das águas do Rio Tocantins. Logo pulou um segundo, um terceiro. Dezenas saltaram.

Além dos trezentos e tanto policiais militares de Marabá, dois aviões carregados com quase cem soldados vieram de Belém para auxiliar no cerco aos manifestantes. Aos homens da PM, somaram-se ainda soldados da 23ª Brigada de Infantaria de Selva. A operação de desobstrução da ponte foi decretada no início da tarde pelo governador Hélio Gueiros (PMDB). A ordem era liberar o caminho imediatamente.

Aquela não era uma ponte qualquer. Inaugurada dois anos antes pelo presidente João Figueiredo, a obra tinha mais de dois quilômetros de extensão e dupla finalidade. Por ela passava a rodovia estadual PA-150, que ligava Belém às cidades do Sul do Pará e à divisa com Goiás e Mato Grosso, e também a Estrada de Ferro Carajás, utilizada para escoar minério de ferro e manganês da região de Carajás e Paraoapebas até o porto de Itaqui, no Maranhão. Ambas as estradas, tanto a de ferro quanto a de rodagem, tinham entrado em operação em 1985, junto com a ponte. Obstruí-la significava transtorno logístico e, principalmente, algum impacto na exportação de minérios.

A decisão de acampar no meio da ponte fora tomada na véspera. Reunidos em Marabá, quase três mil moradores de Serra Pelada, a maioria formada por garimpeiros, esforçavam-se para que as autoridades municipais os recebessem e lhe dessem ouvidos. Eles tinham chegado cedo à cidade, na manhã de 28 de dezembro, uma segunda-feira, após cruzar de ônibus e caminhão os 150 quilômetros que separavam Serra Pelada de Marabá. Reivindicavam o rebaixamento das terras no garimpo, uma intervenção necessária para que a atividade pudesse ser retomada, uma vez que os barrancos ao redor da lavra, agora com mais de 100 metros de altura, impossibilitavam o garimpo manual. Também reivindicavam melhoramentos para a localidade, onde faltavam hospital, escola e infraestrutura de todo tipo.

Se a descoberta do maior garimpo a céu aberto do mundo havia deflagrado uma corrida do ouro sem precedentes a partir de 1980, atingindo seu auge em 1983, com a migração de aproximadamente 100 mil pessoas para a região e a extração de 17 toneladas de ouro somente naquele ano, a explosão da criminalidade, associada a acidentes graves e ao refluxo no volume de ouro extraído daquela lavra a partir de 1984, transformara Serra Pelada numa gigantesca favela com 80 mil habitantes – mais do que os 60 mil habitantes de Marabá segundo o censo de 1980. Em março de 1985, quando o primeiro governo civil tomou posse após 21 anos de ditadura militar, o garimpo já estava praticamente desativado, sem nenhuma empresa de mineração ou órgão oficial do Estado para monitorar as atividades.

Os garimpeiros reuniram-se, então, numa cooperativa, mergulhada em episódios de disputa de poder, corrupção e outros crimes, tutelada por um controverso político local, que fora interventor federal na área do garimpo entre 1980 e 1982 e elegera-se deputado federal em seguida, graças ao enorme curral eleitoral que conseguira criar em Serra Pelada. Era Sebastião Rodrigues de Moura, o Major Curió, amigo pessoal de Geisel, membro do Centro de Informações do Exército e colaborador do Serviço Nacional de Informações no auge da repressão, principal responsável pelo aniquilamento da Guerrilha do Araguaia, um foco clandestino de oposição à ditadura organizado por membros do PCdoB entre 1967 e 1974. Em 1988, Curió tornou-se patrono do município de Curionópolis, emancipado de Marabá e assim batizado em sua homenagem, ao qual Serra Pelada foi incorporada.

Naquele finalzinho de 1987, à população de Serra Pelada só restava reivindicar alguma atenção do poder público. A comitiva viajou até Marabá a fim de pleitear audiências na Prefeitura e na Câmara Municipal. Como ninguém os recebesse ao longo de todo o dia 28 de dezembro, resolveram passar a noite no meio da ponte para forçar a abertura das negociações. Tombaram uma carreta com brita sobre os trilhos da ferrovia para obstruir a passagem e improvisaram um acampamento.

No dia seguinte, a ação parecia ter surtido efeito. Representantes do grupo foram recebidos à tarde na Prefeitura e, por volta das 17h, obtiveram o compromisso de que Serra Pelada seria finalmente urbanizada, ganharia uma escola e um hospital, e o garimpo seria rebaixado, com a retirada de 250 mil metros cúbicos de terra, o que permitiria reativar o garimpo a partir de abril. Não deu tempo de celebrar. A tropa de choque de Belém já estava a caminho e, unida à PM de Marabá e aos soldados da Brigada de Infantaria da Selva, abriu fogo contra os manifestantes encurralados pouco depois das 19 horas, duas horas após a negociação.

Segundo os registros da Polícia Militar, a operação terminou com o soldo de duas mortes, um número "quase desprezível" segundo o comandante-geral da PM paraense, Coronel Ailton Carvalho Guimarães. A imprensa noticiou cinco mortes. Testemunhas listaram mais de dez. Fosse apenas uma, já seria um descalabro, um crime inaceitável. Em 1987, o Brasil era governado por um presidente civil, uma nova Constituição estava sendo escrita e, mesmo assim, uma manifestação pacífica era contida a bala? "Todo ser humano tem direito à liberdade de reunião e associação pacífica", diz o artigo 20 da Declaração Universal dos Direitos Humanos, proclamada quase quarenta anos antes.

Uma semana depois da ação, em 5 de janeiro, o delegado da Polícia Federal Wilson Alfredo Perpétuo encaminhou um relatório ao diretor-geral da PF, Romeu Tuma, contestando a versão da PM. "Pelo que senti, aqui entre nós, a PM fez um verdadeiro massacre", escreveu o delegado. Ainda segundo o relatório, a ação deixara 133 pessoas desaparecidas. "Se imperasse o bom senso e a ação da PM fosse atrasada em duas horas, os incidentes não teriam ocorrido", lamentou Perpétuo, referindo-se ao tempo necessário para que a informação sobre o acordo firmado com o prefeito no fim da tarde chegasse à polícia militar. Para ele, os manifestantes estavam "totalmente desarmados" e os policiais atiraram "indiscriminadamente".

O que o delegado chamou de incidente ficaria conhecido como massacre da ponte, ou massacre de São Bonifácio, em referência ao santo do dia.

A investigação não deu em nada, tampouco a Comissão Parlamentar de Inquérito instalada ainda em janeiro para apurar o "incidente". Parlamentares que visitaram a região ouviram relatos assustadores. Corpos boiando pelo Rio Tocantins eram retirados por policiais e ocultados em covas clandestinas, conforme denúncias anônimas. A orientação geral era para que nada fosse dito, revelado, contado. Um garimpeiro chamado Francisco teria afirmado, em entrevista à televisão local, ter flagrado pelo menos oito cadáveres após a chacina. Foi morto a pauladas no dia seguinte, no centro de Marabá, como recado a quem mais cogitasse dar com a língua nos dentes. As testemunhas rarearam. A verdade dos fatos jamais foi divulgada.

Semanas após a chacina, familiares e amigos das vítimas decidiram fazer uma nova manifestação no local, uma procissão em repúdio ao massacre e em homenagem aos mortos e desaparecidos da ponte por ocasião do aniversário de 30 dias daquelas mortes. Um cruzeiro seria fixado junto à ponte, como marco de memória. Três integrantes da Comissão Justiça e Paz da Arquidiocese de São Paulo tomaram o avião até Marabá para se somar ao cortejo. O advogado Marco Antônio Rodrigues Barbosa, o jornalista Ricardo Kotscho e a cientista social Margarida Bulhões Pedreira Genevois, que acabara de passar o bastão para Marco Antônio após quatro anos na presidência da Comissão.

Partira dela a decisão de ir até lá para prestar solidariedade ao movimento dos trabalhadores e ajudar a denunciar o massacre e seus desdobramentos na imprensa internacional. "Quando havia problema, a gente procurava estar junto", ela lembra.

Margarida tomara contato com a realidade do Araguaia em 1981, quando foi a Belém do Pará para acompanhar o julgamento dos padres franceses Aristides Camio e Francisco Gouriou, condenados e presos durante dois anos por, segundo a Polícia Federal, incitar posseiros de São Geraldo do Araguaia ao uso da violência. Anos depois, ela visitaria a região pela primeira vez, em meados de 1986, logo após o assassinato do padre Josimo Tavares.

Nascido em Marabá, Padre Josimo tinha 33 anos e coordenava a Comissão Pastoral da Terra na região do Bico do Papagaio, onde o Tocantins faz fronteira com o Pará e o Maranhão, quando foi morto, em maio de 1986, a mando de donos de terra. Um mês antes de morrer, havia escapado de outro atentado. "Estou empenhado na luta pela causa dos lavradores indefesos, povo oprimido nas garras do latifúndio", Josimo escreveu após o episódio, numa espécie de testamento, revelado após sua morte. "Eu, pelo menos, nada tenho a perder. Não tenho mulher, filhos, riqueza... Só tenho pena de uma coisa: de minha mãe, que só tem a mim". Na mesma carta, o "padre preto de sandálias surradas", como era conhecido, firmou pela última vez seu compromisso com o povo simples e marginalizado. "Morro por uma causa justa", escreveu. "Agora, quero que vocês entendam o seguinte: tudo isso que está acontecendo é consequência do meu trabalho na luta e defesa dos pobres, em prol do Evangelho, que me levou a assumir essa luta até as últimas consequências. A minha vida nada vale em vista da morte de tantos lavradores assassinados, violentados, despejados de suas terras, deixando mulheres e filhos abandonados, sem carinho, sem pão e sem lar". O trabalho de Josimo foi interrompido por dois tiros que o atingiram nas costas nas cercanias da sede da Comissão Pastoral da Terra de Imperatriz, no Maranhão.

Naquele ano, Margarida viajara em companhia da geógrafa Regina de Toledo Sader, que pesquisava as lutas do Bico do Papagaio para um doutorado na USP. Percorreram a região, tida como uma das mais pobres e violentas do Brasil, para conhecer a realidade local, solidarizar-se com a mãe de Padre Josimo, Dona Olinda, em Tocantinópolis, e se inteirar da situação vivida pelos companheiros de Josimo na Pastoral da Terra. Ao longo de dez dias, Regina e Margarida se hospedaram no casebre de taipa e chão de terra batida que a missionária francesa Nicole Combes dividia com a também freira brasileira Lúcia Lourdes de Gói, a Lourdinha, no povoado de Sampaio, transformado em município em 1989.

Não havia camas. Foi a primeira vez que Margarida dormiu numa rede, o que lhe causou um incômodo considerável. Também não havia água encanada. Nem banheiro. "Fiquei impressionada, porque todas as casas tinham um cartaz com a foto do Padre Josimo colado na parede. Ele era uma referência", Margarida conta. Nos últimos dias daquela viagem, Margarida começou a sentir uma coceira incessante, acompanhada de erupções na pele, e foi até a farmácia para comprar um antialérgico.

— Isso aí não é alergia, não – disse o farmacêutico.
— É sarna.

Margarida nunca tinha visto isso de perto.

Agora, em Marabá, acompanhada pelos amigos Marco Antônio e Ricardo, Margarida sentia novamente o mesmo chamado, o mesmo compromisso. Aqueles garimpeiros assassinados, nos estertores de 1987, eram vítimas da mesma truculência que matara Padre Josimo em 1986 e voltava suas garras para tantos outros religiosos, tantos missionários, tantos trabalhadores e líderes de movimentos sociais. Os mesmos desmandos, a mesma garantia de impunidade. Ela precisava estar ali, junto deles.

Mais uma vez, como no massacre de São Bonifácio, centenas de trabalhadores vieram de Serra Pelada até a ponte mista de Marabá. Representantes da Pastoral da Terra estavam por ali, auxiliando a organização da procissão. Mas o clima era tenso como raras vezes Margarida havia testemunhado: olhares circunspectos, rostos crivados, sorrisos fugidios. Havia algo no ar, uma espera, uma apreensão, como o instante que antecede a queda. Margarida olhou para o alto da ponte e viu a tropa perfilada. Desta vez, os policiais haviam se adiantado e chegado cedo, antes dos manifestantes. Comentou com Marco Antônio. Ele notou que os soldados estavam armados até os dentes, com fuzis e metralhadoras, e encaravam a multidão com cara de poucos amigos. Margarida começou a fotografar, disposta a documentar tudo. Se houvesse uma chacina, ela registraria.

Rapidamente, os dois se deram conta de que Kotscho não estava com eles. Ele havia ido até o hotel para transmitir uma primeira nota sobre o protesto para a redação do Jornal do Brasil e até agora não voltara. Era provável que estivesse enfrentando alguma dificuldade. Naquela época, as reportagens precisavam ser transmitidas por telefone ou telex. Não havia fax no sul do Pará. E e-mail ainda era coisa de filme de ficção científica. Seja qual fosse a razão, o prazo estava se esgotando. O ápice da viagem estava prestes a acontecer. A qualquer momento, a procissão teria início, e Kotscho precisaria estar ali, a postos, para documentar.

Marco Antônio não titubeou: Pediu carona para um rapaz de bicicleta e foi, na garupa, resgatar o amigo.

— Você precisa vir comigo. O bicho vai pegar.

Quando voltou ao local da ponte, trazendo Kotscho a tiracolo, Marco Antônio encontrou Margarida no centro da primeira fila, de braços dados com as lideranças do cortejo, como se formasse com elas uma trincheira, um cordão de isolamento. Entoava palavras de ordem e marchava, encarando nos olhos os policiais alinhados. Repreendia os agentes, afrontava. "Foi uma cena impressionante", lembra Marco Antônio. Os policiais estavam decididos a atirar e foram surpreendidos por aquela figura altiva, uma mulher branca e bem vestida, destemida e elegante, que caminhava na primeira fila, ombro a ombro com lavradores e garimpeiros, homens e mulheres do povo. Na dúvida, não atiraram. "Margarida evitou outro massacre", concluiu Marco Antônio.

A caminhada terminou pacificamente e os manifestantes puderam fixar o cruzeiro junto à ponte, em homenagem às vítimas do Massacre de São Bartolomeu. Margarida deixou Marabá no dia seguinte, já de olho na próxima tarefa, na próxima missão. Como se caminhar sob a mira de fuzis e metralhadoras fosse atividade rotineira. Como se aquela tivesse sido uma tarde como qualquer outra.

— Você não teve medo? – os colegas de Comissão queriam saber.

— Não – ela desconversava. — Tive indignação, mas não medo.

Margarida entendia que era seu papel encorajar as pessoas, e não as atemorizar. Passados trinta e poucos anos desde aquela viagem, ela admite, pela primeira vez, que suas pernas bambeavam e os lábios tremiam diante da fileira de soldados ao cruzar a ponte.

"Naquele dia eu tive medo", diz. "Nunca tive tanto medo na vida. Mas foi rápido. Ainda bem".

2
A marcha da Margarida

MARGARIDA ESTÁ INQUIETA. Mais de um ano praticamente sem sair de casa, em razão da pandemia. Um ano sem poder promover encontros e reuniões, proibida de recepcionar colegas de trabalho, intelectuais e amigos. Logo ela, que sempre cultivou as melhores amizades ao redor da mesa, em almoços e jantares tão saborosos quanto as conversas alinhavadas nessas ocasiões. Nos últimos cinquenta anos, muito do que se fez no Brasil em defesa dos Direitos Humanos, das liberdades individuais e coletivas, do enfrentamento do arbítrio e das desigualdades, da promoção da cidadania e da dignidade humana, surgiu ali, naquela sala, nos encontros organizados por Margarida.

A atividade remota, as distâncias, o isolamento, tudo isso tem deixado Margarida um pouco abatida. Por vezes, a respiração parece acelerada e ruidosa, como se fosse preciso abocanhar o ar em pequenas porções. Os exames confirmam que ela não tem nada: os pulmões estão intactos, escandalosamente preservados, a ponto de Margarida sair da consulta sem uma receita médica sequer. Onde já se viu alguém com a sua idade voltar para casa sem nenhuma prescrição, nem mesmo um comprimidinho para facilitar as coisas?

Aos 98 anos, Margarida se esforça para seguir em frente e tirar de letra mais essa batalha. A máscara abafa, esquenta, exige que ela fale mais alto do que gostaria. Tenta usar um protetor facial, que mais parece um escudo transparente a lhe cobrir as narinas e a boca. Insiste por quinze minutos, às vezes vinte, depois arranca a armadura. Pede desculpas e continua o depoimento, com ânimo renovado e um olhar de alívio.

Margarida está impaciente com as *lives*, irritada com os números, angustiada com as notícias. Os jornais a entristecem. Mais de um ano nessa toada. Um policial derruba uma mulher negra no chão e pisa em seu pescoço numa rua de São Paulo, asfixiando-a como fizeram com George Floyd nos Estados Unidos. Mais uma criança assassinada numa operação policial na Baixada Fluminense. Duas, três, uma dezena delas. Padre Júlio Lancellotti, da Pastoral do Povo de Rua, recebe ameaças de morte e é ofendido por um candidato a prefeito. Jair Bolsonaro, o presidente da República, chama a Covid-19 de "gripezinha", diz que ficar em casa é "conversinha mole" e que se preocupar demais com o contágio faz do Brasil "um país de maricas". Ridiculariza a consternação, chama de "mimimi". O número de mortos passa de 100 mil, supera 200 mil e chega a 300 mil, mais que o total de vítimas dos ataques atômicos a Hiroshima e Nagasaki, em 1945, ou cem vezes o número de vidas ceifadas no atentado às Torres Gêmeas, em 2001. As estatísticas não cedem. Elas avançam. Onde isso vai parar?

No comecinho de 2021, Margarida soube que uma vizinha faleceu após contrair o coronavírus e, por precaução, prefere não sair de casa para mais nada. Desde março do ano anterior, ela só saía para ir ao médico e para fazer exames de rotina. Foram duas as exceções: em novembro, vestiu uma blusa verde, pegou a máscara e a armadura e agarrou-se à bengala para votar na Universidade Presbiteriana Mackenzie, pertinho de casa. Repetiu o gesto no segundo turno. Margarida fez questão. Ela diz que não perde uma eleição desde que o voto direto foi restaurado, encerrando o ciclo autoritário inaugurado com o golpe de 1964. Em 1982, votou para governador. Em 1985, votou para prefeito. E em 1989, votou para presidente pela primeira vez desde 1960, quando o voto feminino ainda era facultativo. A reabilitação do voto direto foi uma das bandeiras que Margarida empunhou na Comissão Justiça e Paz.

No dia 8 de março de 2021, dois dias antes de completar 98 anos, vestiu a máscara e a viseira e colocou mais uma vez os pés nas ruas para tomar a segunda dose da Coronavac, a vacina desenvolvida pela empresa chinesa Sinovac e fabricada no Brasil pelo Instituto Butantan de São Paulo. Foi como um presente de aniversário, entregue a ela numa Unidade Básica de Saúde da Barra Funda. Mesmo sabendo que não se pode vacilar com essa doença, Margarida sentiu na pele uma lufada de esperança. Mas e o resto da população? E os professores? E os motoristas e cobradores, carteiros e balconistas, caixas de supermercado, pedreiros e domésticas? Margarida sente-se privilegiada. "Vacinar-se é tão importante, e tanta gente ainda não tem acesso à vacina", protestou.

Margarida sente-se cansada e diz que é "fadiga do material". "O que Deus ainda quer de mim?", pergunta para si mesma. Minutos depois, restabelecida, diz desconfiar que Ele se esqueceu dela. Isso é hora para se esquecer de alguém? O Brasil de volta ao mapa da fome, a desigualdade cada vez mais abissal, a população em situação de rua crescendo em proporções alarmantes, o desemprego altíssimo, um Governo Federal tomado por negacionistas, uma pandemia mundial dessa gravidade... Deus só pode ter alguma missão para ela, mais uma entre as tantas já atribuídas ao longo de toda uma vida dedicada à solidariedade, à justiça social, à cidadania e aos Direitos Humanos.

Apesar de tudo, não há cansaço capaz de conter a marcha de Margarida. Assim como a Marcha das Margaridas, vigorosa caminhada organizada por mulheres sem terra, lavradoras e organizações feministas em homenagem à paraibana Margarida Alves, presidente do sindicato dos trabalhadores rurais de Alagoa Grande (PB) morta por um jagunço em 1983, a jornada de Margarida Genevois parece se agigantar e ficar mais potente a cada edição. Apesar da escalada de violência. Apesar dos direitos suprimidos. Apesar da profusão de ataques e retrocessos que atingem as mulheres e a classe trabalhadora no Brasil. Apesar do isolamento e da fadiga do material.

De certas coisas, Margarida nunca se cansa. Ela não se cansa de ler, por exemplo. Devora livros, um atrás do outro. Agarra-se a uma obra de trezentas páginas hoje e encerra o último capítulo amanhã. Tem profunda admiração por tudo que Eliane Brum escreve. Não perde um livro dela. Recentemente, descobriu o historiador israelense Yuval Noah Harari e leu os três livros que encontrou: *Sapiens*, *Homo Deus* e *21 lições para o século 21*. Quando muito, reduz um pouco o ritmo para acelerar logo adiante. Um passo atrás, dois à frente. "Eu vinha lendo dois livros por semana, em média, e agora só estou conseguindo ler um", admite, um pouco envergonhada.

Margarida também não se cansa de trabalhar. Quer morrer trabalhando, ela diz. Morrer de pé. Como presidente de honra da Comissão Arns, faz questão de participar das reuniões, mesmo que seja por videoconferência e apenas para ouvir. Em dezembro de 2020, acompanhou ao longo de dois dias inteiros um seminário promovido em ambiente virtual para marcar a retomada da Rede Brasileira de Educação em Direitos Humanos, um grupo que surgiu por iniciativa dela nos anos 1990.

Em janeiro de 2021, assinou com os ex-ministros José Carlos Dias e Paulo Sérgio Pinheiro um artigo para o jornal *O Globo* pedindo a saída do presidente. "Jair Bolsonaro perdeu as condições mínimas para exercer legitimamente o mandato presidencial que lhe foi atribuído, por absoluta incapacidade, vocação autoritária, insubordinação constitucional e constante ameaça à democracia e à vida das pessoas", diz o texto. Entre um artigo, um livro e uma *live*, Margarida quer saber das petições, dos abaixo-assinados. "Como a gente pode ajudar?"

Margarida quer que eu ande depressa. O livro, ela diz, precisa ficar pronto logo. Ela acredita que não terá muito tempo. E, se a ideia é escrever um livro de memórias, meio perfil, meio biografia, é bom não demorar. "Até porque a memória, você sabe como é...", comenta. Margarida fica apreensiva com o relógio biológico. Coisa triste ver tantas amigas e tantos amigos partindo. "Da minha turma, não sobrou praticamente ninguém", afirma, embora faça questão de se corrigir em seguida, para fazer constar que são muitas as suas turmas, diversas as amigas e os amigos vinte ou trinta anos mais novos. "A maioria tem a idade das minhas filhas".

Em 2020, no início da pandemia, as duas filhas mais velhas se mudaram para seu apartamento. Annie, a mais jovem, faleceu em 2018, aos 70 anos. O maior baque de toda a vida de Margarida. Deveria haver alguma lei proibindo filhos e filhas de partir antes de seus pais e de suas mães. Margarida ficou sem chão. Faz uma pausa, os olhos perdidos no horizonte. Em seguida, escolhe mudar de assunto e volta a contar episódios de sua trajetória. Ela quer que eu ande depressa

3
Um convite do arcebispo

EM FEVEREIRO DE 2019, quando vinte personalidades do mundo político, juristas, acadêmicos, intelectuais, jornalistas e ativistas, reuniram-se na Comissão de Defesa dos Direitos Humanos Dom Paulo Evaristo Arns, incluindo cinco ex-ministros dos governos Lula e Fernando Henrique Cardoso, ninguém titubeou em convidar a socióloga Margarida Bulhões Pedreira Genevois para ser a presidente honorária da Comissão.

Aquela seria uma primeira reação institucional de maior envergadura diante da ameaça autoritária representada pelo novo Governo Federal, empossado em 1º de janeiro. Em quase três décadas de atuação no baixo clero da Câmara dos Deputados, o ex-capitão do Exército Jair Bolsonaro havia perpetrado repetidos ataques aos Direitos Humanos e seus defensores. Os mais polêmicos, num primeiro momento, enalteciam a violência policial e os entulhos autoritários remanescentes da ditadura militar. "Mataram pouco; a PM tinha que ter matado mil", declarou, em 1992, por ocasião do massacre de pelo menos 111 presos na Casa de Detenção de São Paulo, o Carandiru. "Eu sou favorável à tortura", afirmou, em 1999, na TV Bandeirantes. "Através do voto você não vai mudar nada neste país, absolutamente nada!", declarou, no mesmo programa. "Só vai mudar, infelizmente, se um dia nós partirmos para uma guerra civil aqui dentro. E fazendo o trabalho que o regime militar não fez: matando uns 30 mil, começando com o FHC". "Sou a favor de uma ditadura, de um regime de exceção", admitiu, ainda em 1999, na tribuna da Câmara.

Desde o ano 2000, homossexuais, negros e mulheres têm sido alvos sistemáticos dos petardos disparados pelo novo presidente. "O filho começa a ficar assim, meio gayzinho, leva um couro, ele muda o comportamento", declarou Bolsonaro à TV Câmara, em 2010. "Você empregaria (homens e mulheres) com o mesmo salário? Eu não empregaria", disparou, ao vivo, na RedeTV, em 2014. "As minorias têm que se curvar à maioria", acrescentou, em 2017, em vídeo publicado no YouTube. Por fim, o estímulo à violência e ao salvo conduto para matar sempre povoaram suas declarações e discursos. "O policial entra, resolve o problema, e, se matar dez, quinze ou vinte, com dez ou trinta tiros cada um, ele tem que ser condecorado, e não processado", comentou, em entrevista ao Jornal Nacional, durante a campanha eleitoral de 2018. "Vamos fuzilar a petralhada aqui do Acre", gritou do palanque, semanas depois, em comício em Rio Branco, referindo-se aos filiados e simpatizantes do PT, partido de seu adversário.

A Comissão Arns foi lançada oficialmente na manhã de 20 de fevereiro de 2019, com uma cerimônia na Sala dos Estudantes da Faculdade de Direito da USP. A audiência, duas vezes maior do que a esperada, se espalhou ainda pelo Salão Nobre, onde foi instalado um telão, e pelo hall da universidade.

Ocupando uma das poltronas vermelhas dispostas em meia-lua ao fundo do palco, ladeada pelo cientista político Paulo Sérgio Pinheiro e pelo jurista Fábio Konder Comparato, também integrantes da Comissão, Margarida teve sua presença anunciada ao microfone pelo advogado Belisário dos Santos Júnior. Seu nome veio coroar uma extensa nominata cravejada de batalhadores da democracia, como Marilena Chaui, Benedito Mariano, Eduardo Suplicy, Amelinha Teles, Oded Grajew e Antônio Carlos Malheiros.

A passos rápidos, a despeito da bengala, Margarida aproximou-se da mesa de madeira que fazia as vezes de púlpito e pediu licença ao mestre de cerimônia para se sentar. "Peço desculpas por falar sentada", adiantou-se. Declarou-se emocionada por estar ali, aos quase 96 anos, cercada por velhos companheiros e também por muita gente mais nova. "Nós precisamos de vocês, jovens. Queremos passar a tocha da luta", declarou.

Margarida tem carregado a tocha dos Direitos Humanos há pelo menos seis décadas. E, no seu caso, ser presidente honorária não tem nada de decorativo. Mais de um ano após a cerimônia de lançamento, quando a presidência executiva da Comissão já havia migrado do cientista político Paulo Sérgio Pinheiro para o advogado José Carlos Dias, Margarida continuava acompanhando com disciplina e entusiasmo os debates. Em tempos de isolamento social, permanecia por duas horas ininterruptas diante da tela sempre que havia videoconferência do grupo. "Outro dia, participei da reunião, mas o problema discutido era a violência contra os índios, e eu não estou a par desse tema", justificou, algo envergonhada, em agosto de 2020.

Não faz mal. Nessas horas, outros membros da Comissão, como a antropóloga Manuela Carneiro da Cunha e o ativista Ailton Krenak, assumem o leme e tocam o barco. Mas Margarida está lá, ouvindo tudo, com a sensibilidade, o vigor e a energia que fazem dela o que os colegas Paulo Sérgio e Belisário classificam como "a grande dama dos Direitos Humanos no Brasil". "Ela é uma mulher adorável, um bálsamo de gentileza e elegância, sempre na resistência e sempre dinâmica", afirma Paulo Sérgio. "É de fato uma dama e uma grande liderança", diz Belisário.

Margarida coleciona prêmios e honrarias, os mais relevantes em sua área. Alguns deles estão listados no site da Comissão Arns. Do governo da França, recebeu a Ordem Nacional do Mérito em 1998 e a Legião da Honra em 2017. No Brasil, recebeu a Medalha da Independência (1999), o Prêmio Nacional de Direitos Humanos (2000), a Medalha Rio Branco (2001), o Prêmio USP de Direitos Humanos (2002), o título de Cidadã Paulistana (2008), o prêmio de Direitos Humanos da OAB e o prêmio de Direitos Humanos Dom Paulo Evaristo Arns, da Prefeitura de São Paulo, ambos em 2019.

O currículo é extenso, repleto de participações em conselhos e comissões. Mas foi sobretudo a partir de seu trabalho na Comissão Justiça e Paz da Arquidiocese de São Paulo, criada por Dom Paulo em 1972, que Margarida despontou. Na CJP, Margarida foi presidente por três mandatos e, no total, investiu quase três décadas de militância diuturna, a maior parte do tempo como braço direito e pessoa de confiança do cardeal de São Paulo. Pessoa de confiança, aqui, não é hipérbole ou outra figura de linguagem. A ditadura militar ainda não havia acabado quando Margarida recebeu das mãos de Dom Paulo um sacramento muito especial: o dom de falar e agir em seu nome.

Um dia, Dom Paulo pediu a Margarida que respondesse umas cartas por ele. Quando ela lhe devolveu os papéis para que o cardeal conferisse, Dom Paulo pôs-se imediatamente a assiná-los.

— O senhor não vai ler? — ela estranhou.

— Foi você quem escreveu? — ele perguntou, já sabendo a resposta. — Então, tudo bem.

O convite para ingressar na Comissão Justiça e Paz foi feito no comecinho de 1973, poucos meses após a constituição do grupo. O que pouca gente sabe, quase meio século depois, é que Margarida foi beneficiada na ocasião por uma improvável política de cotas, definida por Dom Paulo a partir de critérios previstos, no Vaticano, no Ato Organizacional que deu origem às Comissões de Justiça e Paz ao redor do mundo. Segundo o documento, era preciso garantir a representatividade de diferentes segmentos sociais e categorias profissionais. "O estatuto determinava que a Comissão precisaria incluir pelo menos um operário, um estudante e uma mulher", ela lembra. "E faltava a mulher".

Se, ainda hoje, é uma luta garantir participação feminina na maioria dos ambientes de representação, persistindo os debates, seminários e mesas redondas com apenas homens na bancada, pode-se dizer que as coisas eram ainda piores em 1973. Até aquele ano, vale anotar, o divórcio ainda não era legalizado, nenhuma mulher havia ingressado na Academia Brasileira de Letras e todos os Senadores da República eram do sexo masculino. A recém-criada CJP-SP seguia pelo mesmo caminho.

Dom Paulo vinha pelejando desde o ano anterior para solucionar aquele impasse. Originalmente, o grupo tinha sido formado por cinco operadores do Direito, todos nomeados pelo arcebispo: os juristas Dalmo Dallari, Fábio Konder Comparato e Hélio Bicudo, mais os advogados criminalistas Mário Simas e José Carlos Dias, com ampla experiência na defesa de presos políticos. A vaga destinada a um representante da classe estudantil fora preenchida por Luiz Antônio Alves de Souza, então presidente do Centro Acadêmico XI de Agosto, da Faculdade de Direito da USP. O único operário a fazer parte do grupo pioneiro foi Waldemar

Rossi, líder da oposição metalúrgica de São Paulo e militante na Pastoral Operária e na Ação Católica. Mais tarde, um segundo operário reforçaria a linha de frente da CJP: José Groff, metalúrgico de Osasco.

Margarida conta que, em meados dos anos 1970, o grupo entendeu que seria importante ampliar a proporção de operários e pessoas com menor poder aquisitivo, mas o esquema de trabalho da CJP não ajudava. "As reuniões eram semanais e começavam por volta das cinco e meia, seis horas da tarde, e iam até às nove", ela diz. "Essas pessoas estavam no trabalho nesse horário, ou no transporte, e teriam dificuldade para voltar para casa depois, porque moravam longe e perdiam muito tempo na locomoção" Um dos membros, o sociólogo Cândido Procópio, chegou a se oferecer para levar os trabalhadores de carro até suas casas, mas a proposta acabou não vingando e a baixa diversidade econômica nunca foi realmente equacionada.

Mas e as mulheres? Dom Paulo chegou a conversar com duas ou três, todas mulheres católicas que frequentavam a Cúria ou eram próximas das atividades da Igreja. Todas declinaram. Alegavam incompatibilidade de horários, excesso de afazeres domésticos ou falta de experiência. Fato é que, na entrada dos anos 1970, com o Ato Institucional número 5 em pleno vigor, redações sob censura e o General Emílio Garrastazu Médici mandando no país, todo pé atrás era justificado.

A Comissão Justiça e Paz tinha tudo para acender um sinal amarelo nos gabinetes de Brasília. Sua principal missão, de acordo com os membros fundadores, era prestar apoio jurídico a presos políticos e denunciar as torturas, as execuções, os desaparecimentos forçados e demais violações de direitos praticadas por agentes do Estado. Como impedir as mortes na prisão? Como interromper as seções de tortura? Como exigir que essa violência deixe de existir?

A iniciativa partiu de Dom Paulo, que vinha denunciando a situação dos presos políticos e fazendo visitas rotineiras aos presídios desde que se tornara arcebispo metropolitano, em 1970. É conhecido o relato de Dom Paulo segundo o qual um delegado de São Paulo o impediu de conferir as condições em que vivia um grupo de presos políticos, em meados de 1970, quando ele era bispo auxiliar de São Paulo. "Para entrar aqui, não basta ser bispo auxiliar. Só entra se for de arcebispo para cima", a autoridade teria dito. Semanas depois, Dom Paulo retornou. "Não te falei que o senhor está proibido de entrar aqui, que aqui só entra se for de arcebispo?", o agente teria provocado. "Exatamente", Dom Paulo respondeu, tirando de uma pasta um ofício em papel timbrado. "Acabo de ser nomeado arcebispo e vim saudar meus irmãos".

As visitas aos presídios da ditadura tornaram-se regulares nos meses que se seguiram à nomeação. Dops, Carandiru, Tiradentes, Romão Gomes, diversos foram os cárceres visitados por Dom Paulo naquele período. Um ano depois, às vésperas do Natal de 1971, a morte sob tortura do estudante Luiz Hirata, de

27 anos, membro da Ação Católica e da Ação Popular, funcionou como uma espécie de catalisador. Tornava-se cada vez mais necessário engajar advogados capazes de orientar os opositores do regime quanto às possibilidades de ação. E de assumir os casos, atuando como advogados de defesa em busca da soltura e da absolvição dos presos políticos.

Em sua primeira visita ao Vaticano, em 1971, poucos meses após sua nomeação como arcebispo metropolitano de São Paulo, Dom Paulo obteve permissão do Papa Paulo VI para criar uma Comissão Justiça e Paz em sua arquidiocese. O Papa havia criado a Pontifícia Comissão Justiça e Paz, em Roma, e autorizado a formação da Comissão Brasileira de Justiça e Paz, com sede no Rio de Janeiro, então coordenada pelo intelectual católico Cândido Mendes de Almeida.

Dom Paulo tinha uma forma muito particular de pensar a Justiça e a Paz, de modo que a comissão nacional não lhe parecia suficiente. Era preciso haver uma comissão paulistana que pudesse garantir segurança institucional e alguma estrutura ao trabalho realizado pelos advogados. Em suas palavras, justiça e paz tinham entre si uma relação de causa e efeito. Não há paz sem justiça, dizia, de modo que a CJP começou a se reunir, em agosto de 1972, com o aval do Papa e um compromisso: garantir a justiça para buscar a paz.

Quando chegou janeiro de 1973, a busca por uma mulher foi intensificada. Dom Paulo, que seria nomeado cardeal em março daquele ano, insistiu com os membros para que todos buscassem sugestões de mulheres. Um deles, o jurista Fábio Konder Comparato, conhecera Margarida por meio de sua esposa, Monique. Monique era francesa, assim como Lucien, o marido de Margarida, e dava aulas de francês e literatura no Colégio Liceu Pasteur. As duas eram amigas. Comparato sabia que Margarida era católica praticante, tinha uma educação refinada, falava idiomas, viajava com frequência e cursava o último ano da graduação na Escola de Sociologia e Política, ali na Rua General Jardim, a poucas quadras da Cúria.

Um dia, Comparato a procurou.

— Queria te convidar em nome de Dom Paulo para fazer parte da Comissão Justiça e Paz.

Margarida foi pega de surpresa.

— Mas o que é isso, Fábio?

— É uma comissão que está sendo formada por Dom Paulo. Complicado explicar assim. Você vai a uma reunião e fica entendendo o que é.

— Tá bom!

A reunião seguinte foi realizada na casa de Dom Paulo, uma construção modesta no número 71 da Rua Mococa, uma rua sem saída, hoje acrescida de um portão que restringe o acesso aos moradores e seus convidados, no bairro do Sumaré, Zona Oeste de São Paulo. Dom Paulo acabara de vender o palácio episcopal, no Ipiranga, e determinara que o dinheiro do imóvel deveria ser utilizado na compra de terrenos e na construção de centros comunitários e de juventude em bairros distantes do centro, carentes de equipamentos e recursos, como Guaianazes, Ermelino Matarazzo, São Miguel Paulista, Vila Brasilândia ou Tremembé. Era a Operação Periferia, instituída durante a Campanha da Fraternidade de 1972.

Até o final do ano anterior, as reuniões tinham ocorrido no Palácio Pio XII. Quase aos sussurros, para não despertar curiosidade nem risco de vazamentos. Era como se a CJP fosse uma ação clandestina. Tanto que, ainda em 1972, o advogado Dalmo Dallari, primeiro presidente da CJP, foi chamado à Polícia Federal para prestar explicações sobre aquela "organização subversiva". Dallari, no entanto, havia se antecipado e, na ocasião do depoimento, levou consigo o estatuto da Comissão, devidamente lavrado em cartório. O documento comprovava: a CJP era uma organização legalmente constituída.

Na reunião seguinte, Comparato buscou Margarida e foram juntos à casa do bispo. Para evitar que a conversa chegasse à calçada, o grupo se reunia na cozinha, a portas fechadas. Ao longo de três horas, ouviam-se denúncias, algumas delas levadas durante a semana por familiares de presos e desaparecidos, e debatiam-se propostas sobre como intervir. Alguns relatórios traziam detalhes: das torturas, das feridas, do ambiente das prisões, da crueldade dos algozes. "Levei o maior susto", Margarida conta. "Eu não tinha ideia do que estava acontecendo nos porões da ditadura. Uma mulher da burguesia, casada com um executivo francês, eu lia os jornais, mas não tinha a dimensão de tudo o que acontecia e não era noticiado. Perdi o sono por diversas vezes naquele primeiro ano".

Margarida não tinha muita certeza sobre o tipo de contribuição que poderia dar. Mas Dom Paulo sabia o que propor. Perguntou se ela poderia dedicar um dia por semana ao valoroso trabalho de receber as pessoas que procuravam a Comissão a fim de pedir ajuda, relatar desaparecimentos, denunciar maus-tratos. Margarida topou. Em pouco tempo, a Comissão passou a se reunir na sala de Dom Paulo na Cúria Metropolitana, a sede da Arquidiocese, no número 890 da Avenida Higienópolis. E o plantão de Margarida foi logo desdobrado em dois dias, depois em três, até que, um ano depois, Margarida frequentava a Comissão todos os dias, de segunda a sexta-feira.

Ela fazia uma espécie de triagem. Ouvia os relatos, colhia os testemunhos e, principalmente, atribuía o caso a um dos advogados voluntários. Daquela época, Margarida se lembra de ter feito o atendimento de Rosalina Santa Cruz, irmã do militante Fernando Santa Cruz, desaparecido em fevereiro de 1974. Rosalina foi à Cúria com a cunhada, Ana Lúcia Valença, viúva de Fernando. Ela trazia uma criança de dois anos no colo: "Era o filho do Fernando, o Felipe Santa Cruz, que muitos anos depois virou presidente nacional da OAB".

Em maio, quem começou a ir à Cúria com relativa frequência foi Majer Kucinski, pai da também desaparecida política Ana Rosa Kucinski. Professora do Instituto de Química da USP e militante da Ação Libertadora Nacional (ALN), embora sem nenhuma atribuição que lhe fizesse deixar o emprego ou entrar na clandestinidade, Ana Rosa fora sequestrada junto com o marido, Wilson Silva, em 22 de abril de 1974. Tinham ambos 32 anos. Nenhum dos dois voltou a ser visto.

O pai de Ana Rosa, um judeu polonês que migrara para o Brasil fugindo da escalada do nazismo ainda nos anos 1930, foi bater na porta de Dom Paulo semanas após o desaparecimento da filha, imbuído por um intenso sentimento de desamparo. Pouco afeito aos rapapés aos rabinos e também à tradição religiosa, que ele mesmo se esforçara por afastar durante uma juventude essencialmente iluminista, adepto que era do sionismo socialista, Majer não encontrou o devido acolhimento na comunidade judaica. Alguns lhe pediam discrição e insistiam para que ele não "mexesse" com aquilo. Outros passaram a evitá-lo. Houve ainda quem ousasse transmitir informações falsas e até extorquisse membros da família, com a promessa de pistas e revelações. Majer fez de tudo para tentar desvendar o paradeiro de Ana Rosa. Até uma carta ele entregou ao general Dilermando Gomes Monteiro, comandante do II Exército. Nenhuma resposta.

Como de costume, foi Margarida quem recebeu Majer Kucinski na sala da CJP, em nome de Dom Paulo. Àquela altura, o velho Kucinski era um senhor alquebrado, soturno, profundamente entristecido. "Ele dizia que era o único lugar em que alguém o ouvia, porque na colônia ninguém ligava para sua busca", diz Margarida. "E ele achava que lá, Dom Paulo e nós estávamos sempre dispostos a conversar".

Uma vez, Margarida levou o pai de Ana Rosa para sua própria casa. Seu marido ficou alarmado.

— Você não se dá conta de que eu posso ser preso? — Lucien reclamou, deixando claro que, se isso acontecesse, Margarida e sua militância poderiam ser responsabilizadas. — Além do mais, como sou estrangeiro, podem acabar me expulsando.

Margarida foi ficando. Sacava um caderninho da gaveta e ia anotando tudo, fazendo as vezes de secretária e tomando todo cuidado para registrar cada informação que precisaria ser transmitida, em seguida, para Dom Paulo e os advogados. Ao mesmo tempo, preocupava-se em não escrever demais, não transferir para o papel qualquer coisa que pudesse comprometer a si mesma ou a pessoa que veio buscar ajuda. Às vezes, deixava propositalmente de escrever o nome, insegura sobre os riscos de uma eventual identificação, e lançava mão de outros expedientes para atribuir autoria, inserindo, aqui e ali, algo sobre a aparência ou a compleição física que lhe permitisse memorizar. "Eu tinha muito receio de aquelas anotações caírem em mãos erradas e haver alguma retaliação", afirma. "Se algum agente cismasse de me levar para uma sala de tortura por alguma razão, eu sei que eu não seria capaz de resistir".

A graduação tardia em sociologia, aos 50 anos, fazia com que a postura de Margarida, nos primeiros anos na CJP, resultasse de uma oportuna combinação entre entusiasmo e experiência. Tinha, ao mesmo tempo, a humildade e a vocação da ação social, de modo que o serviço voluntário na triagem em nada reduzia sua dedicação e seu comprometimento, combinadas com um vasto repertório cultural, favorecido pela experiência de uma vida inteira.

Elegante no gestual e na aparência, Margarida se posicionava como uma espécie de recepcionista da CJP, desempenhava uma porção de tarefas como secretária executiva da Comissão e, de mangas arregaçadas, envolvia-se nos diferentes trabalhos da entidade. Elaborava atas, relatórios e ofícios, telefonava para os escritórios dos advogados membros para distribuir casos e pedidos de urgência, e logo passou a viajar com frequência para a Europa, sempre às próprias custas, a fim de firmar parcerias e batalhar patrocínio para a CJP junto a instituições filantrópicas ligadas à Igreja Católica e aos Direitos Humanos, como o Comitê Católico contra a Fome e pelo Desenvolvimento (CCFD), em Paris, e o Comitê Internacional da Cruz Vermelha (CICV), em Genebra.

Dez anos depois de ingressar na Comissão Justiça e Paz de São Paulo em razão de uma obrigação estatutária – uma política de cota bastante conservadora se observada através das lentes de hoje –, Margarida tomaria posse como a primeira mulher a presidir a CJP, em 1983.

4
Um acontecimento social da maior expressão

MARGARIDA GENEVOIS nasceu Margarida Maria de Bulhões Pedreira às 16h35 do dia 10 de março de 1923. Primeira filha de Carmen Costa Rodrigues de Bulhões Pedreira e Mário de Bulhões Pedreira, a menina aterrissou no Rio de Janeiro numa tarde de sábado, pesando 3,750 quilos.

Nasceu em casa, como era costume, na Rua Marquês de Abrantes, 147, a dez minutos de caminhada da Praia do Flamengo e quinze do Palácio Guanabara, hoje sede do Governo do Estado. Foi registrada no dia 11 de março, na 4ª Pretória Cível, como eram chamados os cartórios de registro civil do Distrito Federal, e, em 1º de abril, um Domingo de Páscoa, sorriu pela primeira vez.

"Que data importante!", Margarida diverte-se.

Em 6 de maio, foi batizada na Igreja Nossa Senhora da Glória, tendo por padrinhos Aurélio de Bulhões Pedreira e Vera Costa Rodrigues.

"Meus tios, um de cada lado".

Margarida guarda todas essas informações numa edição portuguesa do *Livro de Bèbé* – assim grafado antes de qualquer acordo ortográfico da nossa língua – de

1919. Com versos de Delfim Guimarães e ilustrações de Raquel Ottolini, mais tarde conhecida como Raquel Gameiro, a relíquia está guardada num armário no apartamento de Margarida. "Uma letra tão bonita que mamãe tinha", ela comenta, observando os campos preenchidos a mão. "Mas você sabe que eu nunca li esse álbum?"

Carmen, a mãe, nasceu no Maranhão. Era filha do engenheiro civil João Barreto Costa Rodrigues, que trocou São Luís pelo Rio de Janeiro quando Carmen tinha 2 anos.

Mário, o pai, era carioca, filho do desembargador José Luiz de Bulhões Pedreira. Advogado, bacharel pela Faculdade de Ciências Jurídicas do Rio de Janeiro, começara a carreira como promotor público em São Paulo e retornara ao Rio de Janeiro para advogar. Exímio orador, tornou-se um advogado criminalista de renome e se destacou no Tribunal do Júri. Hoje, há um busto em sua homenagem no Palácio da Justiça do Rio, sede do tribunal.

Mário era muito amigo do também criminalista Sobral Pinto, que se notabilizou pela defesa de presos políticos no Estado Novo (1937-1945) e na Ditadura Militar pós-1964. E de Hermes Lima, que viria a ser uma espécie de superministro de João Goulart, mais tarde indicado por ele para uma vaga no Supremo Tribunal Federal.

"Sobral Pinto foi meu padrinho de casamento; Hermes Lima, padrinho de batismo do meu filho Bernard", conta Margarida.

Seu pai tinha 26 anos quando ela nasceu. Em seguida, vieram dois meninos: José Luiz, em 1925, e João Carlos, em 1927. Os dois seguiriam a carreira jurídica, repetindo os passos do pai e do avô.

Margarida e os irmãos conviveram desde cedo com a fina flor da sociedade carioca. Ela estudou nos dois colégios para meninas mais tradicionais do Rio de Janeiro: o primário no Sacré-Coeur de Marie, em Laranjeiras, e o ginásio no Sion, no Cosme Velho, ambos ligados à Igreja Católica. Eles foram alunos do Colégio Santo Inácio, de padres jesuítas, em Botafogo, numa época em que o ensino misto ainda parecia roteiro de filme de ficção científica.

O sobrado onde moravam também ficava em Botafogo, mais perto da Lagoa Rodrigo de Freitas do que da praia, na esquina da Rua Macedo Sobrinho com a Rua Humaitá. Logo em frente, havia a Casa de Saúde São José, um hospital da Congregação de Santa Catarina fundado no mesmo ano em que Margarida nasceu. A casa onde ela e os irmãos cresceram, com três dormitórios – os meninos dividiam o quarto –, há muito não existe mais. Deu lugar a um edifício de oito andares.

Passear na Lagoa era o programa preferido das crianças. Iam a pé, com a governanta, e levavam os apetrechos para pescar. "Eram uns peixinhos pequenininhos, ordinários", Margarida lembra. Valia como distração. Na puberdade, Margarida trocou a pesca pelo hipismo. Matriculou-se na Sociedade Hípica

Brasileira e ganhou um novo motivo para fazer toda semana o percurso entre a casa e a Lagoa.

Margarida orgulhava-se de vestir o culote, o casaco e as botas de equitação. Sentia-se livre. "Nunca tive gato nem cachorro, mas tive um cavalo, o Lyon", conta. "Pratiquei vários esportes e, de todos eles, o hipismo foi o que mais me fascinou. Você dominar um ser muito mais forte que você... Quando você dá um galope, é uma sensação difícil de explicar. Você voa. É fascinante".

Margarida já era adulta quando caiu de um cavalo ao tentar saltar uma cerca. O animal estancou e ela voou longe. Recuperada, a amazona preferiu deixar o esporte de lado. Até porque já era mãe e, sabe como é, melhor não facilitar.

Mais ou menos na mesma época em que começou a tomar aulas de hipismo, Margarida ingressou no Sion para cursar o ginásio. Era menos careta e conservador do que o Sacré-Coeur, na lembrança de Margarida, embora nada ali justificasse a alcunha de progressista. O novo colégio adotava um modelo de semi-internato, com aulas das 8h30 às 16h30, algumas delas em francês. Margarida, que agora era chamada de Guida pelas amigas, logo passou a ir à escola sozinha, um passo importante rumo à independência juvenil. Andava 600 metros até o Largo dos Leões, tomava um ônibus até o Largo do Machado, no Catete, e, de lá, um bonde rumo ao Largo do Boticário, que percorria a Rua Cosme Velho até o final. Gastava quase uma hora no trajeto e precisava se levantar cedo para não correr o risco de chegar atrasada e levar bronca das irmãs francesas de Notre Dame de Sion. De repente, o bonde fazia uma curva para a esquerda e o colégio surgia à direita, imponente, com seus três pavimentos apinhados de arcos romanos e a fachada pintada de amarelo ocre.

Quando Guida concluiu o ginásio, em 1939, houve cerimônia de colação de grau. Seu pai foi o paraninfo. Discursou para a turma da filha com o indefectível vozeirão e tirou a foto oficial, rodeado por 39 garotas de beca branca e diadema na cabeça.

Voltando mais uma vez à infância, outra tradição na vida de Margarida, desde os primeiros anos, foi brincar o Carnaval. Naquela casa de Botafogo, folia era coisa séria. Carmen, a mãe, mandava vir autênticas fantasias de Portugal. Ou adquiria figurinos cerzidos sob encomenda. Devidamente caracterizados, Guida e os irmãos frequentavam as matinês e os corsos da Zona Sul. Trajes de diferentes culturas eram os que mais faziam sucesso. Guida foi baiana, holandesa, alsaciana... Os meninos, volta e meia apareciam de toureiro ou capitão de navio. Às vezes, as três crianças adotavam o mesmo tema nos trajes, como se formassem um minibloco. E lá iam três pequenos marinheiros entreter-se com confetes e serpentinas.

Nos fins de semana e feriados, não todos, a família seguia de carro para o Sítio Querência, uma pequena propriedade em Petrópolis, na boca da Serra dos Órgãos, local de descanso e lazer. Nas férias escolares, a família tinha o hábito de fazer turismo, pelo menos durante os dias de recesso forense. Até meados dos anos 1930, a tradição era se hospedar em alguma estância hidromineral no interior de São Paulo ou de Minas Gerais. Lugares onde havia termas, como se dizia: balneários com águas sulfurosas, dotadas de propriedades terapêuticas. Poços de Caldas, Caxambu, Águas de Lindóia, Águas de São Pedro e Araxá estavam entre as cidades que, acostumadas a receber integrantes da família real e barões do café desde meados do século anterior, passavam por um ousado processo de reurbanização inaugurado nos anos 1920 para se firmar como polos de entretenimento para a exigente clientela da época. As crianças brincavam nas praças, aproveitavam as grandes piscinas, conheciam outras paisagens.

Mesmo na virada dos anos 1930, que inaugurou um período de restrições econômicas sem precedentes em razão do crash da Bolsa de Nova York, essas cidades-spa mantiveram o fausto das instalações e consolidaram-se como destinos turísticos preferenciais das elites paulista, mineira e fluminense. Alguns desses complexos eram equipados com cinema, salão de baile, cassino e o melhor da gastronomia internacional, além das piscinas e dos banhos radioativos, de modo que a assídua divulgação nos jornais e revistas da época tratou de atrair inclusive os setores da burguesia que, a partir de 1929, encontravam dificuldade para embarcar em cruzeiros e viagens de navio.

A propósito, Margarida ainda era adolescente quando fez a primeira viagem à Europa. Foi em 1939, um ano particularmente perigoso para se fazer turismo naquele continente. De todo modo, a Segunda Guerra Mundial ainda não havia estourado quando Mário e Carmen colocaram a filha no carro e se prepararam para cruzar o oceano. Sim, você leu certo: eles embarcaram de carro. Ou, pelo menos, com o carro.

Mário queria viajar pela Europa, pegar a estrada e percorrer uma porção de cidades, numa época em que as locadoras de veículos ainda não tinham sido inventadas. Portanto, adquiriu bilhetes de embarque também para o Grahan Paige. Era um carrão, grande o suficiente para acomodar o casal, a filha e todas as malas. Os irmãos mais novos ficaram no Rio.

O Cap Arcona era um transatlântico de luxo, inaugurado em 1927 e batizado em homenagem ao Cabo Arkona, península que avança sobre o Mar Báltico na costa da Alemanha. A embarcação pertencia à Hamburg Süd, importante companhia marítima alemã, e tinha nada menos que 206 metros de comprimento por 26 metros de largura. Em condições climáticas normais, alcançava a surpreendente velocidade de 32 quilômetros por hora – ou 17 nós, conforme a nomenclatura especializada –, um excelente desempenho para a época.

Havia no navio um suntuoso salão de festas, ornamentado com cadeiras Luís XV, tapetes do Oriente Médio, lustres e cortinas que pareciam inspiradas no Palácio de Versailles. Havia também um teatro, um piano-bar e um pequeno cassino. *Pas mal!*

Na noite em que o navio cruzou a Linha do Equador, a festa se estendeu até a madrugada. Mulheres de longo, homens de smoking, todos na estica para brindar com o comandante. Margarida tinha 16 anos e toda a curiosidade do mundo quando desembarcou em Hamburgo. Começou ali sua jornada por Alemanha, Bélgica, França e Itália. Em Berlim, um primeiro choque. Veículos militares trafegavam pelas principais avenidas de forma ostensiva. Soldados perfilavam-se pelos prédios públicos. Armas expostas, exibicionismo bélico, saudações nazistas. Clima de ostentação. Ou, como se veria meses depois, de preparação para a guerra. Mesmo assim, não havia pressa para deixar a Alemanha. Só em Berlim, ficaram quase três semanas. Dona Carmen, que sofria com enxaquecas terríveis, aproveitou para visitar alguns médicos, tão famosos que seus nomes haviam logrado cruzar o Atlântico.

Mário, que deixara o Rio com uma programação previamente agendada de reuniões e outros compromissos profissionais, foi visitar a embaixada do Brasil e voltou de lá com uma cicerone, uma espécie de tutora, que acompanharia a filha nos mais diversos passeios durante a temporada berlinense. Margarida havia concluído o ginásio no Sion no ano anterior e, desde então, vivia absorta em seus livros, de modo que aquela temporada na Europa, entre parques, museus e restaurantes, a ajudou a se distrair e a ampliar horizontes.

Na viagem de volta ao Brasil, um grande susto. O navio enfrentou uma violenta tempestade no golfo de Biscaia, ao norte da Espanha. Seguindo o protocolo adotado à época, a tripulação tratou de amarrar os passageiros às cadeiras, sobretudo idosos, mulheres e crianças, a fim de evitar acidentes. A qualquer momento, uma tromba d'água poderia jogar um dos passageiros para longe e até arrastá-lo para fora do navio. Guida, sabe-se lá por quê, resolveu se levantar de sua cadeira e foi arremessada longe. Bateu a cabeça, fez um corte perto da sobrancelha e precisou tomar pontos ali mesmo, no ambulatório. "Por muitos anos, fiquei com uma cicatriz aqui, em cima do olho. Só sei que, depois, fui tratada a pão de ló pelo comandante e pela tripulação".

Ao atracar na costa brasileira, mais de uma semana depois, Margarida estava recuperada. Restou a cicatriz na testa. O destino do transatlântico, ao contrário, seria selado por uma enorme tragédia. Naquele mesmo ano, o Cap Arcona fez a última viagem entre o Rio de Janeiro e Hamburgo. A eclosão da Segunda Guerra Mundial, em setembro, obrigou a empresa a interromper os serviços de turismo. Durante os cinco anos de conflito, o navio permaneceu ancorado no Mar Báltico, convertido em alojamento de soldados. Em 1945, no entanto, a tutela do Cap Arcona foi transferida da Marinha Alemã para a SS, a polícia política do Estado nazista, e o navio foi transformado em presídio. Chegou a acomodar 5 mil prisioneiros de guerra, enquanto sua capacidade máxima como navio de cruzeiro era de 700 passageiros. Transferidos de um campo de concentração, os prisioneiros permaneciam amontoados, com fome e sede, nos porões insalubres de um navio que, poucos anos antes, esbanjara requinte.

No dia 3 de maio de 1945, em meio às operações que resultaram no suicídio de Hitler, quatro dias antes, e na ocupação do Norte da Alemanha pelo Exército Britânico, o navio seria bombardeado por uma esquadrilha da Força Aérea Real, do Reino Unido. As chamas tomaram os porões, avançaram para o convés e fizeram o navio naufragar, levando à morte cerca de cinco mil prisioneiros. Trezentas pessoas sobreviveram. O rescaldo daquele naufrágio avançou pela madrugada e por todo o dia seguinte. Soldados ingleses ainda contabilizavam as vítimas do Cap Arcona quando a rendição final da Alemanha foi assinada, no dia 7 de maio, estabelecendo o cessar-fogo para as 23h do dia 8. Era o fim da participação alemã na guerra e o fim do Cap Arcona. Como o navio deixara de fazer cruzeiros turísticos ainda em 1939, poucos meses após a viagem de Margarida, não há exagero em dizer que ela foi uma de suas últimas passageiras.

O início da guerra mudou tudo. Os anos 1940 se anunciavam duros, áridos, inclusive no Brasil. As notícias chegavam pelo rádio e pelos jornais. Só não chegavam pela televisão porque ainda não havia televisão no país. As primeiras transmissões aconteceriam em setembro de 1950, diretamente dos estúdios da

TV Tupi de São Paulo, pelo canal 4 VHF. Ao Rio, chegariam apenas em janeiro de 1951, pelo canal 6. Aos 17 anos, Margarida acompanhava as notícias e tinha a sensação de que precisava fazer alguma coisa. Era como se o sobrado da Rua Macedo Sobrinho tivesse ficado pequeno demais para ela. Ela queria ser útil, contribuir para a vida de outras pessoas. Aos 18, matriculou-se num curso de enfermagem de guerra oferecido pela Cruz Vermelha. Decidiu virar enfermeira e partir para a Itália, servir nas trincheiras. Não foi, para alívio dos pais e dos irmãos.

Contentou-se em dar início a uma graduação em biblioteconomia. A mãe foi contra, julgava inapropriado mulher fazer faculdade. "Lá tem muito rapaz, é um negócio meio promíscuo, mulher de família não deve fazer faculdade", diz Margarida, reproduzindo o que cansou de ouvir em casa. Fato é que ela fez. Não achou grande coisa, mas pôde ampliar seus conhecimentos durante os dois anos de duração do curso, com ênfase em literatura e história, sobretudo da Europa. Continuou aflita, querendo ser útil, buscando alguma atividade em que se engajar.

Em 1943, uma outra viagem, desta vez para o interior do Brasil, mudaria para sempre a vida de Margarida. Recém-formada, foi conhecer as cidades históricas de Minas junto com uma tia. Duas mulheres da elite carioca, sobretudo uma jovem solteira de 20 anos, não ousariam viajar sozinhas pelo interior do Brasil naquele início dos anos 1940. A solução foi contratar uma das excursões promovidas pelo Automóvel Clube do Rio de Janeiro. O formato ainda era incipiente no Brasil. Montava-se um roteiro e formavam-se grupos de turistas interessados em conhecer lugares novos sem se preocupar com transporte, hospedagem, onde comer e o que visitar.

No ambiente colonial de Ouro Preto, em cenários que pareciam transportar os turistas para o século XVIII, Margarida pôs reparo num homem engravatado, que havia se juntado à excursão na metade do caminho. Ele integrava uma turma formada por funcionários da Rhodia, uma empresa do grupo industrial francês Rhone-Poulenc, com fábricas em Santo André (SP) e São José dos Campos (SP), importante na área química, farmacêutica e também no setor têxtil. Seu nome era Lucien. Tinha pinta de executivo e um ar europeu que, Margarida logo confirmaria, denunciava sua origem francesa.

"Quero me casar com um homem assim", ela pensou, com seus botões. Em seguida, tratou de boicotar o próprio pensamento: "Imagina, esse homem tem o dobro da minha idade. O que ele veria de interessante numa garota como eu? Por certo, nem daria bola".

Na mesma viagem, no entanto, houve uma pane no trem em que o grupo excursionava e foi preciso fazer uma parada estratégica em Belo Horizonte, à espera do conserto. Margarida, de papo com Lucien até altas horas, não se chateou nem por um instante. "Puxa, um homem com quem não me irrito, com quem não me canso de conversar".

Aos 42 anos, Lucien Genevois vivia no Brasil desde os 21. Nascido em 1901, nos subúrbios de Lyon, a terceira maior cidade da França, ele havia ingressado no grupo Rhone-Poulenc ainda adolescente, como operário aprendiz. Saint-Fons, o distrito industrial em que nasceu, ficava na periferia sul de Lyon e concentrava as principais indústrias químicas da cidade. Localizada à beira do Rio Ródano e cortada por uma estrada de ferro, duas características fundamentais para o escoamento da produção, Saint-Fons cumprira o importante papel de recepcionar as indústrias que, em razão da poluição gerada, já não eram bem-vindas no centro de Lyon. Formara-se, assim, uma espécie de polo industrial a dez quilômetros da "cidade".

Primogênito numa família proletária, Lucien perdera o pai na 1ª Guerra Mundial, em que servira como soldado. Convertido em arrimo de família, empregou-se na mesma indústria química em que o avô trabalhava doze horas por dia, manuseando ácido sulfúrico. Por volta de 1920, começou a estagiar como desenhista e, em 1922, foi enviado ao Brasil, com um contrato de dois anos, para participar da implementação da Cia Química Rhodia Brasileira, em Santo André. Aquele contrato seria renovado muitas vezes. E, a cada dois anos, Lucien tinha direito a viajar para a França. Numa dessas idas, Lucien permaneceu no país para cursar engenharia civil na École Centrale de Lyon, onde se formou em 1932. Desde 1933, já de volta ao Brasil, ocupou cargos de gerência e, mais tarde, de direção. Ao longo dos anos, participou da implantação ou ampliação de todas as unidades fabris inauguradas no país. Além da primeira planta industrial, instalada em Santo André em 1919 para a fabricação de lança-perfume, então artigo importado, a Rhodia produzia na região do ABC um amplo cardápio de produtos químicos, utilizados na indústria de base, e farmacêuticos, sobretudo anestésicos e barbitúricos, como o Gardenal, medicamento muito difundido como sedativo e para prevenir convulsões. Em 1929, ingressou no setor têxtil, inaugurando em Santo André a Rhodiaceta, pioneira na produção e utilização de fios sintéticos, como a viscose e o nylon, e, em 1935, a Valisere, um marco na moda para mulheres nas décadas seguintes.

Lucien e Margarida se casaram em maio de 1944, somente um ano após se conhecerem. Ela tinha 21 anos e ele, 43. O jornal *A Noite*, do Rio de Janeiro, publicou detalhes da cerimônia na edição do dia 7. "Constituiu acontecimento social da maior expressão o enlace da senhorita Margarida Maria Bulhões Pedreira com o engenheiro civil Dr. Lucien Genevois", definiu a reportagem. O juiz de paz selou o matrimônio na residência dos pais da noiva. A cerimônia religiosa foi realizada na igreja de Nossa Senhora da Glória do Outeiro. Margarida foi precedida no altar por quatro damas de honra, as amigas Bernardette da Silveira, Maria Lúcia Guaraná, Vera Santana e Gilda Raja Gabaglia, que era noiva de seu irmão José Luiz (e neta do ex-presidente Epitácio Pessoa). Margarida aproveitou para tirar o Maria do nome ao incorporar o sobrenome do marido. A partir de agora, ela assinaria Margarida Bulhões Pedreira Genevois.

Na manhã seguinte, uma reviravolta em sua vida. Margarida, que nunca vivera em nenhum outro lugar a não ser o Rio de Janeiro, trocaria o sobrado de Botafogo por uma fazenda de cana-de-açúcar no interior de São Paulo. Seria lá, na Fazenda São Francisco da Rhodia, que a Sra. Genevois passaria os 22 anos seguintes.

5
"*A senhora salvou a vida dele*"

A Fazenda São Francisco da Rhodia ocupava uma grande extensão de terra cortada por dois grandes rios, o Atibaia e o Jaguari, ainda cheios de peixes, na zona rural de Campinas, a 120 quilômetros de São Paulo. Eram 1.758 alqueires paulistas, ou 4.250 hectares. Se tivesse a forma de um grande quadrado, teria seis quilômetros e meio de cada lado, numa área que, a partir de 1964, ficaria dividida entre dois municípios: Campinas e a agora emancipada Paulínia.

A fazenda pertencia à Rhodia desde 1942, ano em que a empresa decidiu produzir o próprio álcool. Aos diretores, aquela parecia ser a melhor opção para evitar sobressaltos na linha de produção. Insumo de primeira necessidade nas fábricas da Rhodia, da farmácia à indústria têxtil, o álcool etílico era comprado de usinas do Nordeste e chegava de navio ao porto de Santos. Quando os primeiros navios brasileiros foram afundados por submarinos alemães, como retaliação à adesão do Brasil aos Países Aliados, em 1942, o comércio marítimo foi duramente impactado, a ponto de a maioria das rotas ser interrompida. A conjuntura comprometeu fortemente o abastecimento de álcool etílico em São Paulo, exigindo a tomada de decisões como aquela. Lucien Genevois, engenheiro-chefe na fábrica de Santo André, foi nomeado diretor do projeto Campinas e designado para coordenar a implantação do empreendimento alcooleiro. Era 1943 e ele precisaria começar do zero. Antes de sua chegada, não havia nenhuma cultura agrícola na fazenda. O que havia ali era pecuária extensiva de baixa produtividade: poucas cabeças de gado criadas quase sem cuidado. Mais do que isso, toda a estrutura estava por ser montada. Não havia água para consumo, esgoto, luz elétrica, nem moradia para as 1.500 pessoas que teriam de ser contratadas no primeiro ano para lavrar a terra e plantar cana-de-açúcar. Era preciso drenar o terreno, tourear cobras e jacarés, transformar pasto em canavial, abrir ruas, construir colônias e, disso Lucien entendia, construir uma nova unidade industrial: uma usina de álcool.

Sem demora, o francês tratou de arregaçar as mangas e, em pouco mais de um ano, promoveu uma enorme transformação na fazenda. Quando o casal Genevois se fixou ali, logo após o casamento, em maio de 1944, a paisagem era tomada por uma imensa lavoura de cana-de-açúcar e uma usina recém-instalada, à espera da primeira colheita, prevista para a primavera, a fim de inaugurar os trabalhos de moagem e destilaria. Os 15 mil litros de álcool etílico produzidos na primeira safra foram suficientes para retomar a produção industrial da Rhodia em Santo André e em São José dos

Campos. O plano tinha dado certo e, agora, nenhum bombardeio alemão colocaria em risco o fornecimento de álcool para as fábricas.

Até o casamento, Margarida nunca tinha morado na zona rural. As aulas de hipismo e as idas frequentes ao sítio de Petrópolis não alteravam em nada sua condição de mulher urbana, citadina, nascida e criada na capital do Brasil. Margarida não entendia nada de plantio ou colheita, e não fazia muita ideia do que encontraria na fazenda.

— Você vai se arrepender – as amigas alertavam.

Margarida não ligava.

— Você vai se meter num buraco, minha filha – o pai se preocupava.

Margarida deu de ombros.

Não era exatamente um buraco, conforme a ameaça do pai, mas viver naquela fazenda exigia certo espírito aventureiro. A cidade mais próxima, Campinas, ficava a 20 quilômetros em estrada de terra. O trajeto custava uma hora e meia na "jardineira", que fazia duas viagens por dia. Quando chovia e a estrada virava um lamaçal, os passageiros tinham de descer e empurrar, quantas vezes fossem necessárias, o que atrasava a viagem. Ir até a capital demorava mais: cerca de três horas em estrada de terra. A Rodovia Anhanguera seria inaugurada em abril de 1948, ainda com pista simples e pavimentação precária.

Margarida e Lucien moravam numa casa a quinhentos metros da usina. Os profissionais com cargos de chefia ou gestão, entre eles os químicos e engenheiros, moravam em casas independentes, distribuídas de forma espaçada pelo território. Os trabalhadores agrícolas, empregados na lavoura, no corte de cana e no transporte da colheita até a usina, viviam em colônias. A fazenda chegou a ter cinco desses núcleos residenciais, cada um com cerca de trinta casas. Já os operários da usina, bem como os trabalhadores de nível técnico e do setor de serviços, moravam num bairro com quatrocentas casas, inteiramente urbanizado pela Rhodia. Era uma verdadeira cidadezinha, com capela, escola, cooperativa agrícola, açougue, clube e campo de futebol. Tal cidade foi batizada de Vila Lutécia, o mesmo nome escolhido pelos romanos para batizar a cidade de Paris por ocasião da dominação das margens do Sena pelas tropas de César, em 52 a.C.

Aos 89 anos, o técnico agrícola Azor Cândido, aposentado como auxiliar de administração na Fazenda São Francisco, lembra com carinho dos fins de semana na Vila Lutécia. Ele conta que a capela era enorme, maior que muita igreja, e ficava cheia aos domingos. Quase todos os trabalhadores da Rhodia iam à missa com as famílias. Caminhões passavam de manhã por todas as colônias e levavam os trabalhadores até lá. Depois da missa, o movimento migrava para o campo de futebol e o clube social.

Azor foi casado com Irma, braço direito de Margarida durante as mais de duas décadas em que o casal Genevois viveu na fazenda. Trabalho não faltava naquelas terras. Margarida agitava o coreto. Inventou de organizar teatro de bonecos, feitos de papel machê, e animadas quermesses, com todas as voluntárias, incluindo Margarida, vestindo o mesmo uniforme. As festas juninas eram outra tradição na fazenda. No Natal, encenava-se o nascimento de Jesus.

Lucien e Margarida também participavam ativamente da vida campineira. Intensamente integrado à cidade, Lucien colaborou com diversas comissões voltadas a melhoramentos urbanísticos, sempre apresentando projetos. No início dos anos 1960, ele organizaria uma associação e conseguiria não apenas um terreno da Prefeitura de Campinas, mas também o envolvimento dos três níveis de governo para fundar, em 1964, o Colégio Técnico Industrial Conselheiro Antônio Prado, que em 1981 mudaria de nome para Escola Técnica Estadual Conselheiro Antônio Prado (Etecap). Lucien dizia que os brasileiros tinham uma disposição fantástica por aprender e uma habilidade técnica imensa, a ponto de um pedreiro ser também encanador, eletricista, pintor e marceneiro, por exemplo, algo muito raro em outros países. Por outro lado, ele entendia que, no Brasil, as pessoas valorizavam muito os cursos de graduação e negligenciavam o ensino técnico. O número de técnicos qualificados no Brasil, segundo ele, era muito pequeno, insuficiente para acompanhar a expansão industrial.

Lucien também foi fundador da Aliança Francesa e presidiu o Rotary Club de Campinas nos anos 1950, mesma época em que Margarida assumiu a presidência da Associação das Senhoras de Rotarianos. O casal era sempre convidado para jantares, concertos e coquetéis, ou para representar a Rhodia em encontros com prefeitos, deputados e empresários. Margarida não tinha tempo para se aborrecer. "A verdade é que eu tive uma vida muito mais movimentada morando na fazenda do que teria se tivesse ficado no Rio", ela diz.

Em pouco tempo, a Fazenda São Francisco entrou na rota das missões francesas a São Paulo. Quando alguma autoridade vinha para essas bandas, alguém do consulado telefonava e perguntava se o casal Genevois poderia recebê-la. Anos depois, em 1959, Lucien seria designado cônsul honorário da França em Campinas.

O ambiente bucólico fazia sucesso. Mas era a hospitalidade de Margarida que conquistava os visitantes. Foi assim, por exemplo, quando André Roussin veio ao Brasil.

Autor de peças de teatro, Roussin ingressaria na Academia Francesa de Letras em 1973. Mas, na aurora dos anos 1950, Margarida não fazia ideia de quem ele fosse. Suas obras não tinham sido editadas no Brasil. A anfitriã tratou de ir à Livraria Francesa, comprou todos os livros do autor, cerca de meia dúzia, e leu todos na mesma semana. "Quando ele chegou, eu falei dos livros dele, pedi autógrafo", ela conta. "Ele ficou emocionadíssimo. Como uma caipira nos cafundós do Brasil tinha seus livros?".

Em outra ocasião, em meados dos anos 1950, ligaram da embaixada para avisar que Antoine Pinay, ex--premier da França, gostaria de conhecer uma lavoura de cana e uma plantação de café. Pinay era um dos políticos mais importantes do país naquele momento, com uma sólida carreira que, desde 1936, incluía passagens pela Câmara dos Deputados, pelo Senado e pelos ministérios da Economia, do Trabalho, dos Transportes e do Turismo. Embora estivesse habituado com fazendas e, na França, tivesse dirigido um curtume por quase trinta anos, Pinay nunca tinha visto cana-de-açúcar ou um pé de café. Ele adoraria aproveitar a viagem ao Brasil, a convite do Presidente da República, para satisfazer sua curiosidade.

Margarida se encarregou da recepção. Sua primeira iniciativa foi mandar limpar um bosque que havia numa das áreas mais arborizadas da fazenda, nas barrancas do Rio Jaguari, e instalar ali as mesas para o almoço. Convidou o cônsul, o pessoal da embaixada e toda a comitiva do político francês. Roberto Moreira, o presidente da Rhodia, também marcou presença. Para o menu, foram providenciados diversos pratos típicos, todos descritos no cardápio que Margarida mandou imprimir e colocar em todas as mesas: vatapá à baiana, feijoada à carioca, couve à mineira, leitão assado à campineira, churrasco do Rio Grande, tudo isso acompanhado por mandioca frita, castanhas de caju, frutas nativas como pinhas, caquis, carambolas, jacas e mangas, e diversos doces tradicionais, de cuscuz do Maranhão a pé-de-moleque.

Um conjunto musical alternava sambas e marchinhas. Terminado o almoço, uma turma de meninas da fazenda, filhas de funcionários, apresentou uma coreografia. Uma delas fez um breve discurso em francês, desejando boas-vindas. Em seguida, cantaram *A Marselhesa*, o hino nacional da França. Os visitantes não acreditavam. "Você sabe que o Pinay chorou?", diz Margarida. "Disse que foi o dia mais interessante que passou no Brasil." Eles jamais esqueceriam o dia em que almoçaram no meio de uma "floresta".

Foi ali, no ambiente da fazenda, entre recepções diplomáticas e encontros no Rotary, que Margarida conheceu uma das faces mais cruéis da desigualdade e deu os primeiros passos para se tornar a defensora incansável dos Direitos Humanos que muitos conheceriam três décadas depois. Após dois anos morando na fazenda, Margarida notou que as taxas de mortalidade infantil eram altas demais por ali. Não tão altas quanto a média nacional, numa época em que a pobreza, os longos períodos de seca e as ingerências políticas e econômicas no semiárido expulsavam milhares de famílias todos os anos do "Norte" para o "Sul-Maravilha". Não tão altas, mas muito mais alta do que ela poderia aceitar.

Eram tempos de *Vidas Secas*, publicado por Graciliano Ramos em 1938, e de *Retirantes*, pintado por Candido Portinari em 1944. E, quando chegava o momento de plantar ou colher, a fazenda da Rhodia carecia de mão de obra adicional, de modo que os movimentos migratórios também se fizeram sentir à beira do Rio Atibaia. "Havia o *gato*, que era o agente que recrutava os trabalhadores no Nordeste", Margarida conta. "Aí vinha aquele monte de gente no caminhão e se instalava nas colônias. Chegavam com a roupa do corpo, carregando uma trouxa com os poucos pertences enfiados num saco de farinha".

A Fazenda São Francisco tinha cerca de mil funcionários fixos naquele tempo. Somando as esposas que não trabalhavam na empresa e as crianças, reunia uma população que oscilava entre 2 mil e 3 mil pessoas, conforme a época. Chegava a 4 mil pessoas quando somados os trabalhadores que iam e voltavam todos os dias, moradores em sua maioria do povoado de Barão Geraldo, mais tarde transformado em distrito.

As famílias moravam com dignidade na fazenda, recebiam salários condizentes com suas funções e tinham acesso a alimentação adequada. Os operários da usina e os funcionários da área técnica tinha carteira assinada e todos os direitos assegurados pelas leis trabalhistas, consolidadas pouco antes, em 1943. Em todas as colônias, as casas tinham banheiro, luz elétrica e água corrente. Chuveiro e escoamento sanitário. Para os lavradores recém-chegados do semiárido, o essencial parecia luxo. Mas, quase sempre, faltava um bem muito valioso, de primeira necessidade, como Margarida logo percebeu: acesso a informação.

"Era um tal de morrer criança, e eu não me conformava com aquilo. Comecei a ver de perto e era cada barbaridade. A criança nascia e nós tínhamos uma enfermeira para visitar as casas e fazer o curativo direitinho no umbigo. Você acredita que, mal ela saía, a mãe tirava o curativo e punha teia de aranha, excremento de vaca no umbigo da criança? Acreditavam que era cicatrizante, que ajudava a criança a ficar forte. É evidente que, dias depois, tinha tétano. Morriam de tétano adoidado. Não me conformei com isso e comecei a tratar".

Agora, ela já era mãe de duas meninas, Marie Louise e Rose Marie, e logo nasceria a terceira, Anne Marie. Eram suas Três Marias. Bernard, o caçula, viria na sequência. Margarida se condoía com os relatos das enfermidades precoces que acometiam crianças da comunidade e sofria quando alguma delas vinha a óbito. Já em 1947, lançou mão dos rudimentos de puericultura que havia aprendido anos antes, como aluna do curso para enfermeira de guerra, e começou a atender. Dava consultas, uma vez por semana, na Vila Lutécia. Passava o dia à disposição das mães. Medicava quando podia, ajudava com curativos e, aos poucos, tentava transmitir fundamentos de pediatria e orientar sobre os cuidados maternos. Fazer papinha, preparar mamadeira, medir a temperatura.

Certa noite, uma mulher chegou desesperada, debaixo de um temporal medonho, carregando uma criança nos braços:

— Acode meu filho, Dona Margarida. Por tudo que é mais sagrado, me socorre que eu não sei o que fazer. O menino devia ter um mês. Chamava-se Jesus. O nome completo não poderia ser mais abençoado: Jesus Aparecido dos Santos. Chegou com os olhinhos saltados, a boca entreaberta, olheiras espessas, em tudo moribundo.

As estradas para Campinas tinham sido interditadas, cobertas de terra e lama. A vila estava sem luz e sem telefone. "Meu Deus do céu, o que eu faço?", Margarida se perguntava, angustiada em razão do isolamento forçado e do aspecto cadavérico daquele bebê. "Tratei eu mesma. Dei injeção de Ozonyl, um expectorante usado contra doenças pulmonares com secreção e tosse, fiz tudo que eu sabia e mandei pra casa".

Desolada, Margarida foi dormir sem conseguir conciliar o sono, convencida de que aquela criança não resistiria até o dia seguinte. De manhã, foi correndo saber do menino. O pai dele era quem cuidava dos cavalos na fazenda. O menino estava vivo. Margarida soube que a estrada continuava com trânsito impedido para carros. Só passava trator. Margarida não pensou duas vezes. Falou com o tratorista e foram todos para a cidade, ela, o menino e a mãe da criança, bater no consultório do Dr. Domingos Boldrini, o pediatra das meninas.

O médico colocou o menino em cima da mesa, olhou, apalpou, examinou em silêncio. Depois levantou os olhos, com gravidade:

— A senhora salvou a vida dessa criança.

Margarida jamais se esqueceu. "Você sabe que até hoje lembro com emoção. E fiz tão pouco, meu Deus... Naquele momento, tive a noção da responsabilidade que eu tinha, do que eu era ali. Porque me pareceu tão pouco e valeu uma vida. Foi um momento muito importante".

Diagnosticado com pneumonia e outros problemas respiratórios, o menino estaria curado em poucos dias. Margarida voltou para a fazenda decidida a transformar seus atendimentos num compromisso diário, permanente, como um ato de solidariedade e fé.

Montou um posto de puericultura na Vila Lutécia, conseguiu o engajamento voluntário do Dr. Mário Bueno, um médico jovem, recém-formado, que se dispôs a visitar a fazenda uma vez por semana. Contava também com o trabalho dedicado de Zilda Vinícius da Silva, esposa do engenheiro agrônomo da fazenda, Jorge Vinícius da Silva, e convenceu outras esposas de funcionários a participar do projeto, também de forma voluntária. Algum tempo depois, conseguiu o apoio da própria Rhodia, que cedeu uma funcionária, Dona Isabel, para atuar como parteira e enfermeira no posto. Em seguida, a empresa aportaria uma quantia mensal em dinheiro, um valor modesto, mas valioso, que permitiu equipar o local, comprar medicamentos e contratar mais uma funcionária, Dona Gioconda.

Margarida juntou caixotes de cebola, feitos de madeira, e pediu ao Sr. Américo, o carpinteiro, que os transformasse em pequenos berços, com pezinhos e proteção. Esses berços de caixote, pintados de azul e acrescidos de mosquiteiros e enfeites, logo conferiram ao posto o aspecto de um berçário. Eram poucos, no máximo dez. Ali, os bebês se recuperavam, ganhavam peso e, quase sempre, alguma roupinha ou alimento para levar pra casa. Os mimos, Margarida percebeu, eram também uma forma de incentivar as mães a levar as crianças. Do posto, Margarida partiu para a ideia de formar uma creche. Assim, mesmo depois de curadas, as crianças em recuperação poderiam passar o dia ali por mais algumas semanas ou meses, até atingir a estatura adequada para a idade.

As voluntárias na creche, incluindo Margarida, vestiam uniforme azul marinho com uma gola branca e uma inscrição no tecido: "Posto de Puericultura". Na atenção primária à saúde daqueles pequenos, todas se igualavam no figurino, no gesto e na intenção. "Elas punham o uniforme e ficavam contentíssimas, orgulhosas por estarem todas iguais, não importava se era mulher de engenheiro, de operário ou de diretor. Psicologicamente, elas se sentiram valorizadas. Isso tudo ajudava a criar um ambiente positivo".

Uma das crianças que ficaram gravadas na memória de Margarida foi Maria Benedita. Ela tinha 1 ano e apenas 3,5 quilos quando deu entrada no posto. Saiu seis meses depois, pesando 12 quilos.

Um dia, Margarida inventou de criar um concurso de robustez. Vencia a criança que tivesse ficado mais forte, ganhado mais tônus, mais corpo. Os primeiros colocados recebiam diploma e alguma prenda. Margarida fotografava tudo.

O posto de puericultura foi fundado oficialmente em 17 de junho de 1948 e se tornou o embrião do Serviço Social da Fazenda São Francisco. Ao longo dos anos, muitas outras frentes foram criadas, como um arrojado sistema de distribuição de mamadeiras que fazia com que toda criança com até 3 anos recebesse em casa sua porção de leite nos primeiros instantes do dia. Em meados dos anos 1950, outras ações convergiram em torno do Clube Feminino da Amizade.

Funcionava como um centro de educação e ação social onde eram organizados encontros, debates, palestras, programas de economia doméstica, oficinas de corte-e-costura e até orientação espiritual. Uma ilustração que estampava cartões e outras publicações do clube exibia uma fileira de mulheres de mãos dadas, em trajes que remetiam às diferentes ocupações femininas da fazenda – trabalhadoras rurais, operárias das usinas, enfermeiras, trabalhadoras domésticas e donas de casa – diante de uma cruz.

Em 1961, ainda no âmbito do Clube Feminino da Amizade, Margarida passou a editar um jornal e a entregá-lo em todas as casas da fazenda. O *Correio Feminino* tinha normalmente oito páginas em formato de tabloide e reunia dicas práticas de higiene, de cuidados com a saúde e com a educação dos filhos, além de textos de caráter filosófico, orientação católica e até receitas. Começou semanal, virou mensal e, a partir do segundo ano, sua periodicidade não era lá muito precisa.

Margarida escrevia o jornal praticamente sozinha. Os editoriais eram assinados por "Miriam", as receitas eram da "Tia Zizinha", todos codinomes da Sra. Genevois. Vez ou outra, surgiam colaborações encaminhadas pelo padre da paróquia ou por algum médico de Campinas.

— É incrível, você entende os problemas das mulheres do povo – elogiou uma funcionária da usina.

Margarida exultou. O jornal estava cumprindo seu papel.

Em cinco anos, foram publicadas 60 edições. A última saiu em março de 1966. Desta vez, a assinatura que aparecia no pé do editorial era dela mesma: Margarida Bulhões Pedreira Genevois. "Há momentos na nossa vida que parecem mais intensos, tão importantes que deixam uma lembrança de luz que perdura para sempre na nossa memória", começava o texto. "Este sábado, 25 de fevereiro, foi para nós um dia assim, inesquecível, marcado com letras de ouro. Foi uma festa de despedida. E as despedidas são sempre tristes. Dizem que partir é morrer um pouco, porque a gente, quando parte, deixa um pouco de si mesmo em tudo o que fica. Mas esta despedida foi muito especial, porque foi tão cheia de carinho de vocês que a impressão mais profunda não foi de tristeza, mas de alegria. Alegria, porque não há nada que compense mais um esforço do que a compreensão e o resultado desse esforço. E esta festa que vocês fizeram compensou 22 anos de trabalhos e esforços".

Após 22 anos dedicados à prática diária da cidadania e ao exercício cotidiano da promoção social na Fazenda São Francisco da Rhodia, a Sra. Genevois estava de mudança para São Paulo. Aos 43 anos, a atuação de Margarida na defesa dos Direitos Humanos entraria em outro patamar.

6
Coração de estudante

Pichação é coisa que requer cuidado, agilidade e, sobretudo, disciplina. Não basta chegar, sacudir a lata de spray e sair rabiscando muro, como se fosse a coisa mais natural do mundo. Os estudantes sabiam disso quando ousaram denunciar, por escrito, as arbitrariedades do regime de exceção que assolava o Brasil após o golpe de 1964. Por isso, nas incursões noturnas por paredes e fachadas, preferencialmente em edifícios públicos e áreas com grande circulação de pessoas durante o dia, havia todo um esquema montado, um protocolo a cumprir.

A primeira regra era nunca chacoalhar a lata de spray sem antes enrolá-la num cobertor. Quem já usou spray sabe que é preciso agitar a embalagem para misturar a tinta antes de usar. E que, ao fazer isso, ouve-se o *tec tec tec* de uma bolinha sacolejando no interior da lata. Agora imagina esse barulho no meio da madrugada numa rua tranquila, principalmente numa zona residencial. Sem condições. Por isso cada grupo de estudantes tinha de providenciar um cobertor antes de ir pichar. Na hora da ação, ai de quem agitasse a lata sem a envolver completamente na manta.

Outra regra fundamental era sair sempre em grupo. No mínimo quatro estudantes. Um ao volante, outro com o spray, e dois vigilantes atentos ao movimento nas ruas. Chegando ao local escolhido, o piloto permanece a postos, com o motor ligado. Os dois vigias saltam e correm, cada um para um lado, parando nas esquinas. Só depois que eles dão o sinal de que a barra está limpa é que o pichador dá início aos trabalhos. E nada de frases grandes demais. "O povo organizado derruba a ditadura", por exemplo, requer muito tempo e, dependendo do local e da situação, implica um risco desnecessário. Melhor escrever "Abaixo a ditadura" e dar no pé.

Marie Louise, a filha mais velha de Margarida, sabia de tudo isso quando pegou a lata de tinta naquela noite de 1966. Estava com mais quatro em uma Kombi, procurando um lugar bom para pichar, quando avistaram um muro grande, todo branco, num lugar aparentemente deserto. A jovem nem esperou os dois vigilantes darem o sinal e já ia acionando o pino do spray quando perceberam: era o muro de um quartel! Se o militar de plantão ou alguma Veraneio do Dops dobrasse a esquina, já era. "Qualquer solto som pode dar tudo errado", diria Paulo César Pinheiro no poema *Cautela*, gravado em disco com Eduardo Gudin e Márcia, anos depois.

Desde o início de 1966, Marie Louise era aluna do curso de Serviço Social da PUC. A faculdade ficava na Rua Sabará, no bairro de Higienópolis, pertinho das faculdades de arquitetura e de filosofia da USP: a primeira na Rua Maranhão, onde ela morava, e a segunda na Rua Maria Antônia, a trezentos metros dali. Não demorou para que Malu, como era chamada pelos colegas, se envolvesse com o movimento estudantil, a ponto de, no meio do ano, frequentar o Centro Acadêmico de sua faculdade, as reuniões do Diretório Central dos Estudantes da PUC e os encontros da UEE, a União Estadual dos Estudantes. Com um detalhe: todas essas organizações estavam na ilegalidade desde o final de 1964, quando foi decretada a lei 4.464/64, conhecida como Lei Suplicy de Lacerda, que oficializou a intervenção federal nas entidades estudantis.

Por sorte, nada aconteceu com Malu e seus companheiros naquela noite de pichação. Ainda assim, era preciso redobrar os cuidados. Em razão da ilegalidade, a UEE havia se reorganizado às escondidas e adotado novas estratégias de ação, como os comícios-relâmpago, sem convocação nem publicidade, para evitar confrontos com a repressão. E estava disposta a realizar o congresso estadual, mesmo na clandestinidade. Não era preciso bola de cristal para intuir que os agentes do Dops estavam à espreita, rondando as principais lideranças do movimento.

O congresso foi finalmente marcado para o simbólico 7 de setembro, aniversário da independência do Brasil, ocasião em que as Forças Armadas tomavam as ruas das grandes cidades em desfiles apoteóticos. Centenas de delegados começaram a chegar do interior na véspera, vindos de diversos municípios paulistas, ainda sem saber onde seria o encontro. Somente à noite, ainda na surdina, a informação começou a circular: o congresso aconteceria no futuro campus da Faculdade de Engenharia Industrial, a FEI, ainda em construção em São Bernardo do Campo, na Grande São Paulo.

Os estudantes começaram a desembarcar no local nas primeiras horas do dia. Ninguém chegou a entrar no prédio. Não deu tempo. Pouco antes da hora prevista para a abertura do evento, dezenas de viaturas do Exército cercaram o campus. Em segundos, uma centena de soldados organizava os estudantes em fila e os encaminhava para seus carros. A ação resultou na prisão em massa de 178 estudantes, incluindo o presidente da UEE, Antônio Funari Filho, e a jovem Malu, aos 21 anos.

Quem havia ido em carro particular, como ela, foi obrigado a dirigir até o Dops de São Paulo, ao lado da Estação Júlio Prestes, com um policial ao lado e levando no banco de trás outros estudantes presos, que haviam chegado ao congresso de ônibus ou de carona. Malu tremia ao volante do fusquinha. "No interrogatório, perguntaram um monte de coisas sobre grupos e pessoas de que eu nunca tinha ouvido falar", conta a filha mais velha de Margarida. "Fiquei conhecendo várias organizações clandestinas que eu não conhecia".

Caloura e tímida, Malu passou pela maratona de perguntas e foi colocada numa cela com outras seis estudantes. Já era noite quando cada jovem recebeu um sanduíche e pôde telefonar para casa. Malu teria direito a uma única ligação. Àquela altura, a notícia das prisões havia sido exibida no Jornal Nacional e as presas sabiam disso. Margarida atendeu ao telefone pouco antes das 22h.

— Estou com uma amiga e vamos ao cinema – Malu avisou. — Não se preocupem. Vou dormir na casa dela e vejo vocês amanhã.

— Que amiga? Cinema a essa hora numa quarta--feira? – Margarida não entendeu nada, ou entendeu mais do que Malu gostaria. — E você está ligando de onde? Que barulho é esse?

As palavras não vinham. E agora? Onde poderia haver um telefone, num lugar público, aberto e movimentado a essa hora?

— Estou ligando da farmácia, mãe. Esqueci de avisar antes. O filme já vai começar. Tenho que entrar na sala. Tchau.

Malu imaginou que sairia logo. Não fazia sentido ficar ali. Ela tinha acabado de entrar na graduação, não era uma liderança política, nem uma dirigente, não tinha filiação partidária. Acabou ficando três dias. Em parte, por escolha própria, como se verá.

Margarida soube de tudo na manhã seguinte. Colegas de Malu que não tinham ido ao congresso, ou que puderam deixar o Dops na mesma noite, telefonaram para alertar os pais de todos os estudantes retidos. Ao todo, 37 permaneceram presos após uma longa e ameaçadora triagem que se estendeu por toda a madrugada. Os estudantes liberados sabiam que a prioridade, agora, era avisar as famílias, para que fossem ao Dops pressionar as autoridades pela libertação imediata dos presos e das presas.

Foi um choque, um escândalo. Marie Louise envolvida com subversão? Para Lucien, era como se a filha tivesse se tornado uma ladra, uma delinquente, que vergonha. E ela ainda tinha inventado aquela história de farmácia. "Nós éramos casados havia vinte e dois anos e eu nunca tinha visto meu marido chorar", Margarida conta. "Foi a primeira vez. E acho que foi a única".

Amigas de Margarida vieram de Campinas. A mãe, Carmen, chegou afobada do Rio de Janeiro e se concentrou em telefonar para advogados importantes, magistrados e até ministros do STF com os quais tivera alguma relação pessoal antes de ficar viúva, em 1949. O irmão José Luiz, amigo do ministro Delfim Netto e influente em Brasília, também mexeu seus pauzinhos. No mesmo dia, Margarida foi com a mãe e Lucien ao Dops. O delegado os recebeu com uma boa notícia:

— Chegaram ordens do Rio de Janeiro para soltar sua filha.

Margarida respirou aliviada quando o agente confirmou que iria buscá-la. Instantes depois, o delegado retornou:

— Tem um problema, minha senhora. Sua filha não quer ir pra casa.

— Como assim?
— É isso mesmo. Ela disse que não vai sair.
— Não estou entendendo – agora era o pai que falava.
— Ela diz que só sai quando todos os 37 estudantes também saírem.

Margarida vibrou por dentro. Embora as circunstâncias não fossem as mais adequadas para demonstrar apoio à posição da jovem, Margarida admirou o gesto de Malu e ousou expressar em voz alta sua solidariedade.

— Acho que ela está certa. Manter esses meninos presos... São apenas estudantes.

O delegado não gostou de ouvir aquela resposta.

— Bom, se a senhora pensa assim, não há o que eu possa fazer.

Os três voltaram para casa de mãos abanando. Lucien não se conformava. Nem com a prisão nem com a atitude da filha. Muito menos entendia a reação da mulher. Ele não tinha nenhum contato com os movimentos de oposição à ditadura, não sabia das perseguições, das torturas, dos desaparecimentos e das mortes de presos políticos. Suas referências eram essencialmente as que ouvia dos outros executivos da Rhodia. E, embora se sentisse em casa no Brasil, a ponto de preferir se apresentar como brasileiro quando viajava com a família à França, ele ainda era estrangeiro nos papéis. No Dops, teve receio de ter problemas com as autoridades locais.

— Eu sou estrangeiro – dizia. — Daqui a pouco me expulsam. Vou acabar sendo deportado.

A estratégia de continuar no Dops até a libertação de todos era uma forma de solidariedade e também de proteção. Havia entre os estudantes o temor de que os presos fossem soltos aos poucos, o que dificultaria saber para onde teriam sido transferidos os que permanecessem detidos ou o que seria feito deles.

Malu passou três noites no Dops. Entrou na quarta-feira e saiu no sábado. Depois daquela prisão, ficou seis meses com o passaporte suspenso, proibida de deixar a cidade e de fazer reuniões com mais de três pessoas. Era obrigada a voltar para casa antes das 22h e ir uma vez por semana ao quartel para assinar os papéis, uma espécie de lista de presença que comprovaria sua permanência em São Paulo.

Algum tempo depois, o episódio inspirou um código e, mais tarde, uma anedota na família. Quando havia a necessidade de avisar que alguém havia sido preso, sem correr o risco de ter a comunicação interceptada por agentes da repressão (useiros e vezeiros na arte de grampear as linhas telefônicas dos "subversivos"), Margarida sabia como transmitir a informação sem que ela fosse decifrada por quem eventualmente a ouvisse.

— Fulano foi à farmácia – dizia.

A estratégia tornou-se recorrente no início dos anos 1970, quando Malu morava em Paris, e Margarida passou a militar na Comissão Justiça e Paz, estabelecendo contato com muitos familiares de presos políticos. Pelo telefone, Margarida avisava a filha sobre as prisões, e Malu ajudava a divulgar a informação entre apoiadores e instituições de defesa dos Direitos Humanos situadas na França, na Holanda e na Itália.

Um dia, aflita com a notícia de muitas prisões, Margarida não titubeou em dizer à filha:

— Quatrocentos foram para a farmácia!

Mais tarde, a insólita imagem de tanta gente entrando ao mesmo tempo numa loja de remédios provocaria sorrisos sempre que essa fala era rememorada em família.

Em casa, a prisão de Malu converteu-se num marco, um divisor de águas. De forma indireta, influenciou para sempre o engajamento de Margarida e também sua postura independente e combativa.

De seu lado, Lucien parecia abalado com a prisão e muito confuso diante do apoio da mulher à postura combativa de Malu na prisão. Carmen também ficou aflita. Lucien e a sogra cobravam Margarida por não ter acompanhado de perto as atividades e as amizades de Malu.

Foi um período especialmente difícil naquela casa. Não fazia nem seis meses que o casal tinha deixado a fazenda da Rhodia, após vinte e dois anos em Campinas, e se fixado com os quatro filhos no apartamento da Rua Maranhão, em Higienópolis. A razão da mudança era, sobretudo, preparar a aposentadoria de Lucien. Ao longo daquele ano de 1966, o engenheiro trabalharia quase que exclusivamente nos escritórios administrativos da empresa, na Rua Líbero Badaró, no centro da cidade. No máximo, alguma visita extraordinária à fábrica de Santo André. A mudança tivera a grande vantagem de reunir a família novamente. Havia quase uma década que Lucien, Margarida e Bernard não conviviam diariamente com as meninas. Malu tinha 10 anos e Rose tinha 9 quando as duas se mudaram para São Paulo pela primeira vez. Annie mudou-se dois anos depois. Todas elas foram estudar no Sion. Moraram num pensionato administrado por um casal de franceses no qual os inquilinos eram alunos do Liceu Pasteur. Depois ficaram internas durante um ano e meio no Sion de Petrópolis. Malu não gostava. Quando ela fez 14 anos, em julho de 1959, a mãe lhe perguntou o que queria ganhar de presente e ela respondeu:

— Voltar pra São Paulo.

Quando deixaram o internato, os pais compraram um apartamento pequeno, na Rua Goitacaz, pertinho da Avenida Pacaembu, e contrataram uma governanta para organizar a vida das adolescentes. Foi assim de 1960 até a mudança dos pais, no comecinho de 1966.

Lucien se aposentou definitivamente no ano seguinte. Malu fazia graduação em Serviço Social na PUC, Rose estudava na faculdade de Ciências Sociais da USP e Annie mais tarde ingressaria no curso de Letras, também na USP. Bernard, algum tempo depois, graduou-se na FAAP como engenheiro civil.

Sem parentes ou amigos na cidade, Margarida não demorou a encontrar uma atividade que a instigasse e fizesse seus olhos brilhar. Ainda em 1966, ela receberia um convite inesperado, de um grupo de senhoras católicas que frequentavam a paróquia Santa Teresinha do Menino Jesus, ali mesmo, em Higienópolis.

7
Agora é que são elas

ET COGNOSCETIS VERITATEM ET VERITAS LIBERABIT VOS.
E conhecereis a verdade, e a verdade vos libertará. Em latim ou em qualquer outro idioma, o versículo 32 do capítulo 8 do Evangelho de João tornou-se um dos axiomas mais repetidos do Novo Testamento. Desde que foram escritas, no primeiro século da Era Cristã, essas palavras reverberaram de muitas formas, nos textos e nas vozes de muita gente. Liev Tolstói, autor dos romances *Guerra e Paz* e *Anna Karenina*, adotou o versículo como epígrafe de seu livro *O reino de Deus está em vós*, ensaio publicado em 1893 e considerado um marco de sua fase mística e pacifista, que viria a influenciar Mahatma Gandhi.

Mais de um século depois, por outro lado, a mesma citação do Livro de João seria adotada como lema na controversa campanha de Jair Bolsonaro à Presidência da República, tantas vezes denunciada por disseminar *fake news*, na contramão do postulado bíblico. Um ano após sua posse, a escola de samba Mangueira, no Rio, desfilaria no Carnaval de 2020 com o enredo "A verdade vos fará livre". "Favela, pega a visão / não tem futuro sem partilha / nem messias de arma na mão", dizia a letra do samba.

Fato é que, em 1967, meio século após a morte de Tolstói e meio século antes da eleição de Bolsonaro, essas mesmas palavras inspiraram Margarida a criar o Veritas, uma oportuna iniciativa que tinha como missão promover "cursos de atualização" com alguns dos mais destacados intelectuais da época, sempre com o objetivo de contribuir para o que Margarida chamava de "tomada de consciência" acerca dos problemas e desafios do mundo contemporâneo.

A ideia partiu de Margarida e resultou de sua breve experiência junto a um grupo de Ação Católica. Recém-chegada a São Paulo, após vinte e dois anos morando na fazenda em Campinas, Margarida caíra naquele grupo meio por acaso. Um dia, em meados de 1966, uma conhecida telefonou para seu apartamento, na Rua Maranhão. Leonor Barros Barreto fazia parte de um grupo ligado à paróquia Santa Terezinha do Menino Jesus, no mesmo bairro em que Margarida morava.

— Margarida, querida, eu pensei que você poderia ir a uma das nossas reuniões.

Margarida custou a entender qual poderia ser o interesse delas em sua presença.

— Sabe o que é? – a amiga continuou — Muitas das senhoras do nosso grupo têm fazendas, e elas não fazem nada pelos colonos. Nada parecido com o que você fez na fazenda da Rhodia. Quem sabe, ouvindo você, elas não se animam?

De fato, seu trabalho à frente do posto de puericultura da Fazenda São Francisco havia transposto fronteiras e chegara ao conhecimento de muita gente. Em 1962, por exemplo, viajara ao Rio de Janeiro para apresentar uma palestra sobre o assunto na XI Conferência Internacional de Serviço Social. Desta vez, Margarida relutou em aceitar o convite de Leonor. Por um lado, ela já morava em São Paulo havia alguns meses e não conhecia praticamente ninguém, de modo que aquela poderia ser uma oportunidade para socializar, conhecer pessoas. Por outro lado, Margarida era muito introspectiva, detestava falar em público, principalmente para pessoas que ela não conhecia. Pediu mais informações sobre o grupo, perguntou sobre o tipo de conteúdo que ela deveria mostrar e, por fim, marcou a data.

No dia combinado, Margarida parecia uma colegial prestes a apresentar um trabalho final de bimestre, talvez uma universitária diante da banca de TCC. Montou um seminário em minúcias. Selecionou fotografias, levou slides, organizou uma exposição com gráficos impressos em acetato para exibir com o retroprojetor – muitos anos antes de inventarem o PowerPoint e o DataShow – e falou por mais de uma hora sobre mortalidade infantil, viroses e formas de enfrentá-las, a importância da amamentação e dos cuidados básicos com a higiene pessoal, e o relato inspirador de sua própria experiência, com as voluntárias uniformizadas, os concursos de robustez e o sistema de distribuição de mamadeiras nas primeiras horas do dia. "Fiz um esforço descomunal", lembra. "Falar em público me custa muito. Mas fez sucesso e acabei convidada a me juntar ao grupo". As reuniões aconteciam a cada quinze dias na casa de uma das integrantes. O grupo era formado exclusivamente por mulheres, mais ou menos da idade de Margarida, então com 43 anos.

Ação Católica é o nome de um movimento lançado nos anos 1920 e que tinha como missão evangelizar os povos por meio do apostolado leigo, ou seja, estimulando que os fiéis passassem a atuar como verdadeiros agentes pastorais. Diante de um cenário que indicava a redução gradual no número de padres, sobretudo num país continental como o Brasil, urgia fazer de cada indivíduo um missionário.

A novidade foi instituída em 1922, durante o pontificado do Papa Pio XI, e implementada no Brasil treze anos depois, em 1935. No início, os grupos eram divididos conforme o gênero e o contexto. Os rapazes se organizaram nas diferentes juventudes católicas: agrária (JAC), estudantil (JEC), independente (JIC), operária (JOC) e universitária (JUC). As moças, em grupos equivalentes reunidos no que se convencionou chamar de Juventude Católica Feminina: JACF, JECF, JICF, JOCF e JUCF. Os católicos com mais idade se encontravam nas ligas masculinas, e as mulheres, nas reuniões das Senhoras de Ação Católica. Mais tarde, a separação por gênero caiu, ainda nos anos 1950, embora o grupo de Leonor tivesse apenas senhoras.

Também nos anos 1950, sobretudo após a criação da Conferência Nacional dos Bispos do Brasil (CNBB), em 1952, tendo Dom Hélder Câmara como secretário-geral, membros e dirigentes da Ação Católica foram gradativamente direcionando suas atividades de modo a assumir como norte certos princípios de responsabilidade social, já expressos em encíclicas papais que viriam a compor a Doutrina Social da Igreja. Na mesma época, contribuíram para conferir novos rumos à fé cristã, cada vez mais engajada e solidária, intelectuais católicos humanistas, como Teilhard de Chardin, Jacques Maritain e o Padre Louis Joseph Lebret. No Brasil, a Ação Católica teve como seu presidente nos anos 1950 o escritor Alceu Amoroso Lima, que publicava seus textos sob o pseudônimo de Tristão de Ataíde.

Nos anos 1960, a contribuição dada pelo Concílio Vaticano II potencializou a opção preferencial pelos pobres também nos grupos de Ação Católica. Margarida, no entanto, notou que ainda havia um longo caminho a percorrer. Era preciso que a ação católica trocasse a caridade pela conscientização. Margarida achou que, por mais irônico que pudesse parecer, faltava ação à Ação Católica, ao menos naquele grupo. "Era tudo muito teórico", ela diz. "Eu ficava o tempo todo pensando em formas de arregaçar as mangas. Comecei a ficar irritada com tanta teoria".

Margarida pensava no exemplo de sua mãe. Dona Carmen, uma mulher "do século passado", nascida em 1896, tinha 70 anos e se dedicava com afinco a uma iniciativa tão solidária quanto controvertida no Rio de Janeiro. Atuando como voluntária na Santa Casa, ela ficara sensibilizada com a situação das "mães solteiras", que muitas vezes não tinham para onde ir depois de dar à luz. Expulsas de casa – normalmente pelo pai – em razão da "desonra" que aquela gestação representava nos anos 1950, as jovens encontrariam refúgio na Obra de Missão Social Casa da Mãe Sem Lar, que Dona Carmen fundara em Botafogo. Ali, as moças, quase sempre muito pobres, permaneciam por cerca de um ano, enquanto amamentassem, e eram instruídas em profissões que pudessem exercer em seguida, como domésticas, babás e secretárias. Dona Carmen também se preocupou em formar uma rede, por meio da qual conseguia encaminhar muitas mulheres para empresas e residências, e, em seguida, montou uma espécie de creche no mesmo local, onde as mulheres empregadas não apenas dormiam com seus filhos como podiam deixar as crianças durante o horário do expediente. Margarida sabia que aquilo não causaria mudanças estruturais na sociedade, mas tinha algo de revolucionário ao enfrentar o estigma da gravidez sem matrimônio. Católica e de família tradicional, sem nenhuma característica que permitisse qualificá-la como liberal nos costumes, sua mãe ia além da teoria e desafiava preconceitos ao propor uma alternativa de futuro para aquelas mulheres.

Logo nos primeiros meses, Margarida começou a propor formas de ir além dos encontros nos apartamentos de Higienópolis.

— Não vou me meter nisso porque meu marido não está de acordo e cria problemas – algumas das senhoras diziam.

"Esse negócio de marido é uma boa desculpa para não fazer nada", pensava Margarida, acostumada com o apoio irrestrito de Lucien, que, embora preocupado com o envolvimento dela e das filhas em ações que poderiam ser taxadas de subversivas naquele contexto de ditadura, jamais a proibiu de agir conforme sua consciência. Discreta, Margarida ouvia as reações das outras senhoras e não dizia nada.

Um dia, ainda em 1966, já caminhando para o fim do ano, Margarida comentou algo sobre criar um curso que permitisse às senhoras católicas ampliar o repertório e os horizontes, não somente delas mesmas, mas sobretudo das mulheres do bairro ou outras mulheres que não tinham, ainda, nenhum envolvimento social, nem mesmo com a Ação Católica. Margarida sentia que deveria haver uma forma de aproveitar melhor o potencial daquela elite bem intencionada, afeita a princípios humanistas e disposta a ajudar. Se não era de seu feitio ou do feitio daquele grupo desenvolver ações que fossem realmente populares ou mesmo revolucionárias, no sentido da intervenção socioeconômica que as desigualdades e as injustiças sociais requeriam, um bom começo seria difundir princípios éticos e consciência social entre os pares.

Uma das colegas se animou mais do que as outras. Zita Bressane ainda não tinha completado 40 anos e exalava entusiasmo. Se Margarida era tímida a maior parte do tempo, Zita era extrovertida, efusiva, radiante. Em poucos dias, as duas conceberam o projeto do Veritas e começaram a divulgar o primeiro curso.

Nos folhetos, o Veritas era descrito como um "Centro de Expansão Cultural e Promoção Social". Durante o curso, a turma era convidada a ouvir sobre temas diversos, sempre fundamentados no pensamento cristão e, muitas vezes, com potencial de catalisar ações transformadoras perante o "mundo moderno", para usar uma expressão amplamente repetida nas salas de aula. A Guerra do Vietnã, o movimento hippie, o consumo de "tóxicos", disputa pela terra, reforma universitária e até música eletrônica foram temas de conferências entre 1967 e 1968.

De certa maneira, aquela foi a primeira incursão de Margarida no campo da Educação em Direitos Humanos, embora ainda não se falasse em Educação em Direitos Humanos nem a expressão Direitos Humanos constasse do programa das aulas ou do material de divulgação. Mas era disso, afinal, que se tratava. E também de cidadania, responsabilidade social, desenvolvimento econômico, direitos trabalhistas, direito à cultura, política internacional, psicologia, humanismo, existencialismo e, quase como um tema transversal a percorrer todos os encontros, o protagonismo das mulheres.

Inaugurado em março de 1967 com um total de vinte encontros semanais, o primeiro ciclo de conferências ganhou o título "A mulher e o mundo de hoje". As mulheres, sobretudo de classe média e alta, constituíam também o público-alvo dos cursos e representavam quase a totalidade da audiência nas salas, sempre lotadas, com algo entre 50 e 100 pessoas a cada encontro. As conferências eram realizadas sempre à tarde, de segunda à sexta-feira, o que impedia a participação de quem cumpria expediente em horário comercial. Na prática, as alunas do Veritas eram donas de casa interessadas em estabelecer alguma rotina social ao mesmo tempo em que buscavam se atualizar e, expressão muito em voga naqueles tumultuados anos 1960, "conscientizar-se".

Aquela foi, também, uma opção estratégica. Margarida sabia que era a mulher quem realmente educava em casa e quem exercia maior influência sobre a educação dos filhos e das filhas, de modo que os cursos, concebidos como instrumentos de atualização e conscientização, revestiam-se de uma função de longo prazo: a formação de uma nova geração de homens e mulheres mais atenta aos problemas sociais e disposta a superá-los.

Funcionava como uma espécie de Casa do Saber, uma incubadora e difusora de cursos e palestras que faria muito sucesso em São Paulo nos anos 2000, chegando a funcionar em quatro endereços, inclusive dentro de livrarias e shopping-centers. O Veritas nunca teve sede. Ou melhor: a sede administrativa era o próprio apartamento de Margarida, agora não mais na Rua Maranhão, mas na vizinha Rua Itacolomi. Os cursos não tinham endereço fixo. A cada temporada, migravam para um colégio ou faculdade diferente, uma forma de levar as conferências a diversos bairros da cidade e atrair as moradoras do entorno. A primeira edição, em 1967, aconteceu na Fundação Armando Álvares Penteado, a FAAP, em Higienópolis, todas as segundas-feiras, das 14h30 às 17h. Abertas as inscrições, a novidade mereceu uma nota de divulgação na *Folha de S.Paulo*. Tratava-se, segundo o jornal, de "um curso ministrado por 'experts' a fim de atualizar a mulher". Das alunas era cobrada uma mensalidade de NCr$ 10,00, ou dez cruzeiros novos, moeda implantada em fevereiro daquele ano. Em valores de 2021, atualizados pelo IGP-DI, o curso custaria cerca de R$ 150 por mês, o que dava direito a quatro conferências de aproximadamente duas horas.

    Cerca de 350 mulheres assistiram às conferências na FAAP ao longo do primeiro ano. Concluídos os vinte encontros previstos, foram tantos os pedidos de continuidade que outras quinze aulas foram organizadas, entre setembro e dezembro. No ano seguinte, a demanda foi tão grande que a solução foi abrir duas turmas simultâneas: às segundas-feiras no Colégio Sion, em Higienópolis, e às quartas-feiras no Liceu Eduardo Prado, no Itaim Bibi. Em setembro do mesmo ano, o curso "A mulher e o mundo de hoje" fez sua primeira incursão no interior, com doze conferências em Ribeirão Preto. Outros colégios católicos de São

Paulo, como o Sacré-Coeur e o Madre Alix, ambos nos Jardins, também sediaram os cursos do Veritas. A lista de conferencistas que passaram pelo Veritas parecia formar uma seleção brasileira do pensamento progressista: nas artes, na literatura, na psicologia, na sociologia, nas ciências políticas, na religião. Lygia Fagundes Telles e Clarice Lispector, Antônio Cândido e Flavio di Giorgi, Fernanda Montenegro e Antonio Callado, Roberto Freire e José Gaiarsa, Gilda Seraphico e Paulo Gaudêncio, Paul Singer e Celso Antunes, Padre Charbonneau e Dom Candido Padin, Cândido Procópio e Frei Bernardo Catão, Carmen da Silva e Terezinha Fram, Ruth Cardoso e Fernando Henrique Cardoso, Celso Bandeira de Mello e Fábio Konder Comparato. "Padre Charbonneau fazia muito sucesso quando vinha falar sobre família", Margarida rememora. "E Flávio di Giorgi, um erudito! Quando começava a recitar em grego, não parava mais. Era impressionante."

A forma encontrada por Margarida para arregaçar as mangas teve boa repercussão na imprensa. "Abrir os horizontes, quase sempre limitados, da mulher da classe alta e média é tarefa difícil e muito rara", escreveu a jornalista Mônica Soutello no *Jornal do Brasil*, em agosto de 1970. "Poucas pessoas, como Margarida Genevois e Zita Bressane, se preocupam com o assunto, que à primeira vista pode parecer árido. Mas, para as duas criadoras do Veritas, fazer com que as mulheres do seu meio tomem consciência da importância de uma participação social é muito melhor do que se dedicar à caridade, atividade comum neste mesmo meio." A Revista *Cláudia*, em 1972, também dedicou palavras elogiosas ao Veritas, numa reportagem intitulada "O mundo evoluiu depressa. Tente segui-lo": "Pessoas que 'sabem das coisas' são sempre interessantes", dizia o texto. "Ser uma delas é uma forma de aumentar os pontos de interesse comum e de estreitar os laços de amizade com a família e os amigos. Além do mais, lugar de mulher não é mais só em casa. Dedicando-se a atividades externas, profissionais ou não, você pode melhorar muita coisa errada que existe por aí."

Margarida e Zita, de forma muito natural e intuitiva, acabaram por contribuir para a disseminação da segunda onda do feminismo no Brasil ao promover um contexto de pertencimento e de amplo debate, questionando papéis sociais e propondo discussões sobre temas raramente explorados, como mulher no mundo do trabalho, sexualidade feminina ou psicologia da mulher. Zita ficou apenas dois anos na coordenação do Veritas. Em 1969, ingressou na Escola de Comunicações e Artes da USP para cursar publicidade e não teve mais tempo para conciliar a graduação e o Veritas. Quem também voltou às salas de aula naquele mesmo ano foi Margarida. Aos 45 anos, ela se matriculou em Ciências Sociais na Escola de Sociologia e Política, pertinho de casa, na Rua General Jardim. Margarida achou que seria possível conciliar tudo – a graduação, as conferências, o casamento, a família – e não cogitou abandonar o projeto. "Era uma motivação, digamos, cristã, um engajamento no sentido de modificar alguma coisa".

Após a saída de Zita, quem se juntou a Margarida na coordenação do Veritas foi Ana Maria Sad, sócia da livraria Duas Cidades, fundada nos anos 1950 pelo frade dominicano Benevenuto de Santa Cruz, primeiro num prédio na Avenida Nove de Julho, de frente para a Praça da Bandeira, e em seguida numa loja na Rua Bento Freitas. Ana Maria chegou a assistir a muitas das conferências do Veritas como aluna antes de virar coordenadora. "O Veritas abriu a cabeça de muita gente", ela diz. "Margarida permitiu que nós, mulheres, tivéssemos acesso a muita gente e a muito conteúdo importante que muitas de nós não conseguiriam acessar por outros meios". Ana Maria conta que a maioria das alunas não tinha outra atividade social ou intelectual além daqueles encontros semanais. Elas se arrumavam e saíam de casa apenas para ir às aulas do Veritas, para nada mais. Margarida se lembra de uma aluna em especial, muito entusiasmada, que chegou a fazer todos os cursos do Veritas ao longo de muitos anos. Seu nome era Maria Helena Martinelli. "Uma vez", diz Margarida, "ela contou que estava em um jantar com várias pessoas e uma das mulheres começou a falar com profundidade sobre determinado assunto. Aí Maria Helena perguntou se ela frequentava as aulas do Veritas. Frequentava! As pessoas saíam modificadas. Para mim, isso é tão importante."

Margarida manteve as atividades no Veritas ao longo de toda a graduação em Ciências Sociais e também após seu ingresso na Comissão Justiça e Paz de São Paulo, em 1973. Passados quinze anos desde a formação da primeira turma, Margarida era vice-presidente da CJP quando abriu inscrições para o curso de atualização de 1982. Desta vez, o título do ciclo de conferências seria "Consciência Cristã e Atualização Política". Entre os palestrantes anunciados no panfleto, diversos membros da CJP, como Dalmo Dallari, José Carlos Dias e José Gregori. Os nomes de Luiz Carlos Bresser-Pereira, Frei Gilberto Gorgulho, Paulo Freire e Gofredo da Silva Telles eram outros listados entre os docentes daquele curso, de volta ao colégio Sion.

Quando esse curso começou, em setembro, faltavam apenas dois meses para a primeira eleição direta para governador desde a tomada do poder pelos militares. Haveria também eleição para senadores (uma vaga por Estado), deputados federais e estaduais. Ainda no primeiro semestre, José Gregori, então presidente da CJP, decidira disputar uma cadeira na Assembleia Legislativa e, em obediência ao estatuto da Comissão, precisou renunciar à presidência. Antes disso, teve o cuidado de articular sua sucessão e foi conversar com Margarida:

— Margarida, você ocupa a vice-presidência e é, oficialmente, minha sucessora natural. Como todos nós sabemos do seu desconforto em falar publicamente e em assumir o papel de porta-voz da Comissão, conversei com o Dalmo e ele aceitou substitui-la. Assim posso oficializar minha candidatura sem causar nenhum constrangimento a você.

— Acho ótimo – Margarida respirou aliviada. Ela continuaria como vice pelos próximos seis meses e, em dezembro, seria escolhido o presidente para o próximo triênio.

O combinado, no entanto, não recebeu as bênçãos de Dom Paulo Evaristo Arns.

— Quem está hoje na vice-presidência não é a Margarida? – o cardeal quis saber. — Vocês não têm nada que mudar as regras do jogo. A presidente será ela.

Gregori foi eleito pelo PMDB, mesmo partido do governador eleito, André Franco Montoro, que em 1985 o nomearia secretário de Descentralização e Participação. Margarida, por sua vez, não apenas conduziu aquele mandato-tampão com a empatia, a organização e o engajamento que lhe são característicos como, em dezembro, foi eleita por seus pares para presidir a Comissão Justiça e Paz pelos três anos seguintes. Pela primeira vez, a CJP seria presidida por uma mulher. E, também pela primeira vez, não teria um advogado ou jurista no comando. Margarida precisaria enfrentar, de uma vez por todas, a timidez e a dificuldade em falar em público.

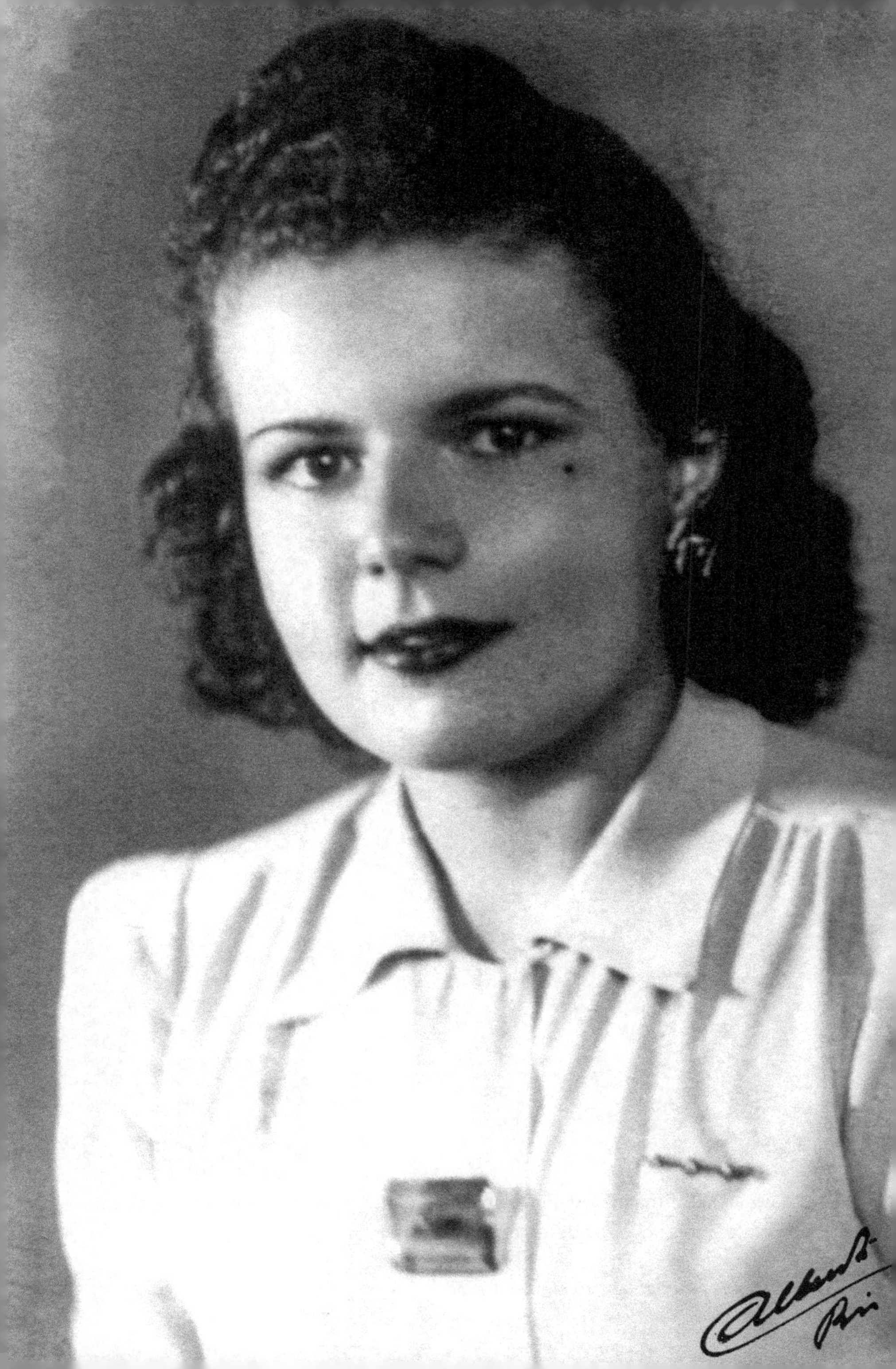

Margarida, a filha mais velha, com a mãe, Carmen, no final de 1923. A menina passaria a infância e a adolescência no Rio de Janeiro

Na página anterior, aos 15 anos, em 1938.

Com os irmãos José Luiz e João Carlos, em 1930 (*acima*) e em 1928 (*ao lado*). Ambos mais novos do que ela, os dois se tornaram advogados reconhecidos. José Luiz foi um dos autores da Lei das Sociedades Anônimas, as "SA", de 1976

Paramentada para a primeira comunhão (*acima*) e para as aulas de equitação no clube Fluminense, em Laranjeiras

Na fotografia oficial da formatura no Colégio Sion, em 1938, Margarida é a terceira na penúltima fila. Ao centro, Mário, seu pai, como paraninfo da turma. Abaixo, a carteirinha do colégio

Logo após concluir o colégio, Margarida embarca com os pais no navio Cap Arcona para uma temporada de dois meses na Europa, em 1939. As tropas de Hitler começam a marchar sobre a Alemanha e anunciam os primeiros sinais do que seria a Segunda Guerra Mundial

O início da Segunda Guerra e a vontade de fazer algo "útil", como ela costumava dizer, levaram Margarida a se matricular num curso de enfermagem da Cruz Vermelha, aos 18 anos. Sua intenção, na época, era embarcar para a Itália e se somar às trincheiras contra o Eixo

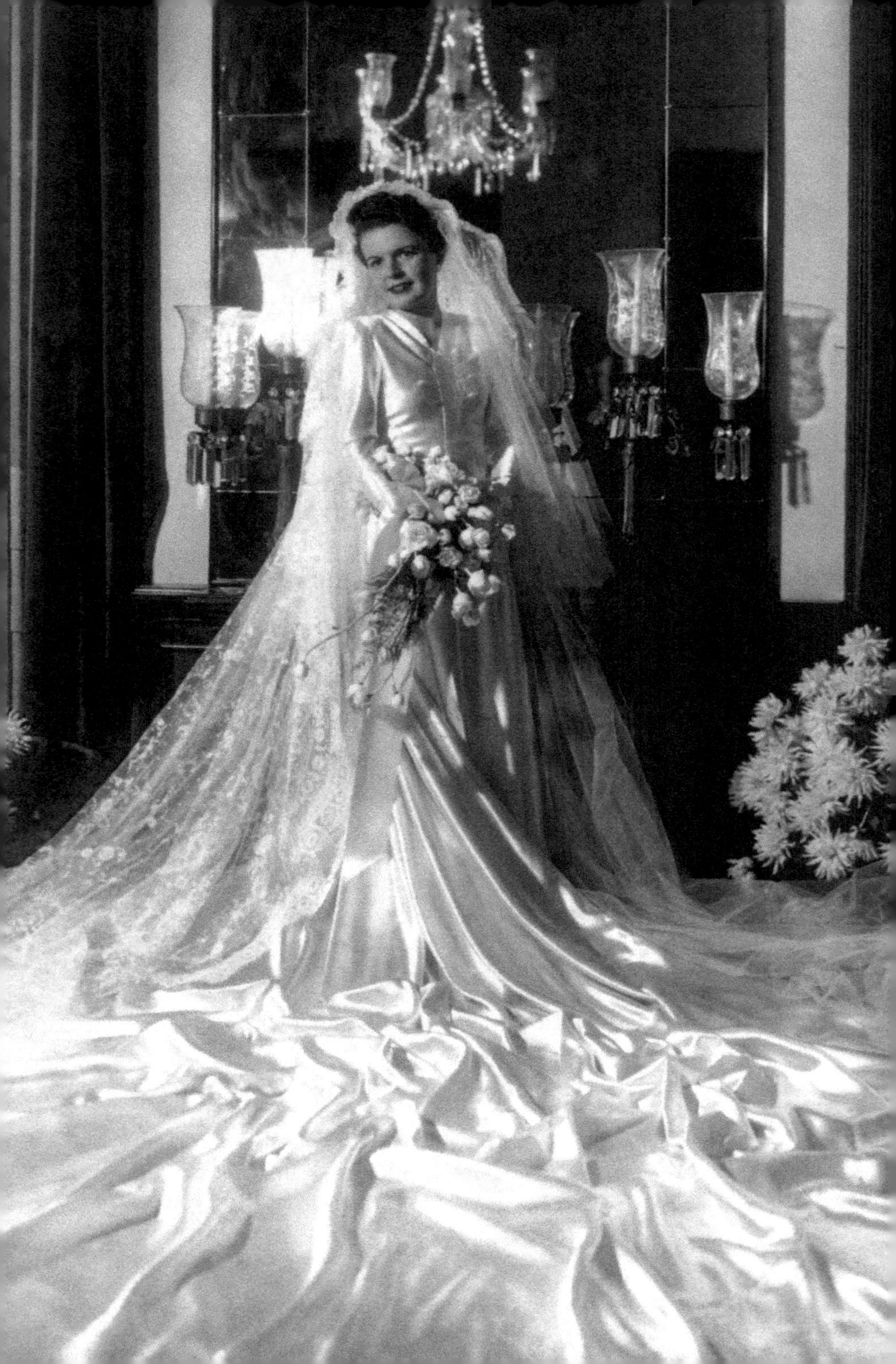

Em 1944, o casamento com Lucien Genevois, no Outeiro da Glória. Margarida troca o Rio de Janeiro por uma fazenda em Campinas

Engenheiro nascido em Lyon, na França, e estabelecido no Brasil em 1922, aos 21 anos, Lucien dirige a lavoura de cana e a usina de álcool da Rhodia no interior paulista. Acima, passeio de camelo com Margarida durante viagem de férias para o Egito

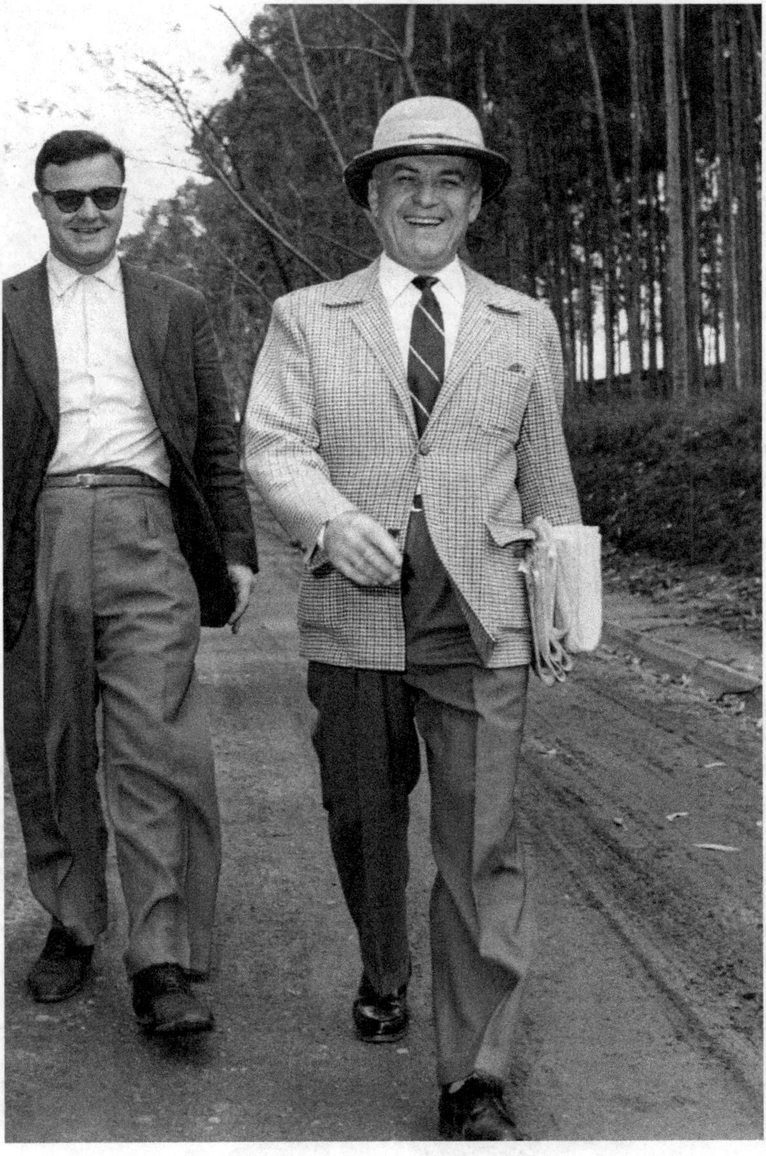

Quatro gerações de mulheres: a partir da direita, Vó Cotinha, Dona Carmen, Margarida e Marie Louise, a filha mais velha

Família reunida para comemorar a formatura de Bernard em Engenharia Civil, na FAAP, em 1977. Em sentido horário a partir da esquerda: Bernard, Carmen, Margarida, Annie, Lucien, Rose e Malu

A trupe completa em 1953: Marie Louise, Rose Marie, Anne Marie e o caçula Bernard, com Margarida e Lucien. Quinze anos depois, nova fotografia no mesmo cenário

Um banquete com comidas típicas do Brasil foi oferecido por
Margarida à comitiva de Antoine Pinay, ex-premier da França.
À esquerda, o presidente da Rhodia no Brasil, Roberto Moreira

Salão lotado no clube da Rhodia, onde o Serviço Social da
Fazenda São Francisco promovia palestras e eventos

Vida social intensa nos anos 1950. No alto, Margarida e amigas vestem uniforme para trabalhar na barraca da França, na Feira das Nações de Campinas. Acima, festa junina na Fazenda da Rhodia. Margarida está ao lado da "noiva" e veste tranças e chapéu

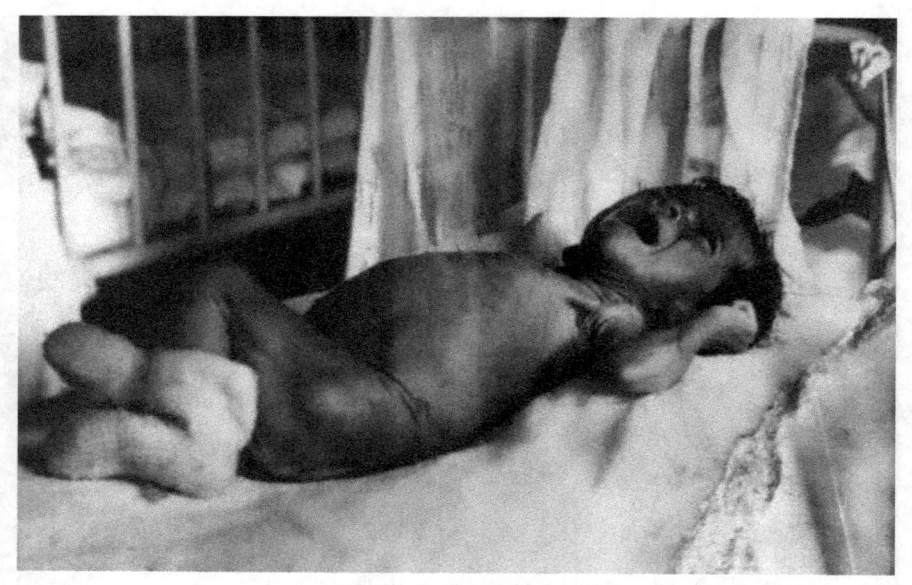

O alto índice de mortalidade infantil motivou Margarida a montar um posto de puericultura para orientar as mães e as gestantes na fazenda. A menina Benedita chegou muito debilitada (*acima*) e se recuperou em poucos meses (*ao lado*). Na próxima página, o médico voluntário, Dr. Mário Bueno, e o "concurso de robustês", que premiava as crianças que melhor se desenvolvessem

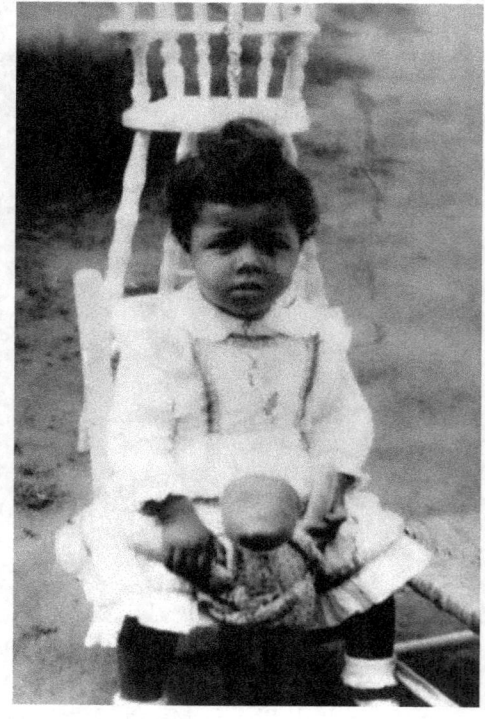

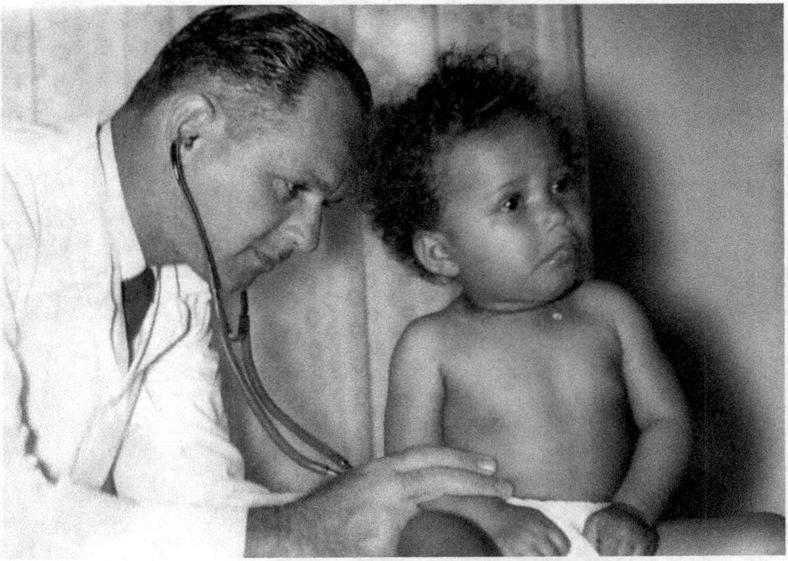

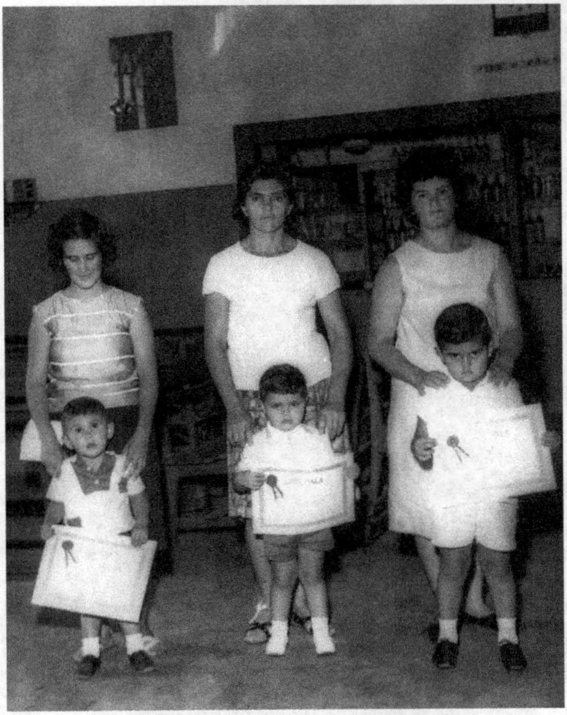

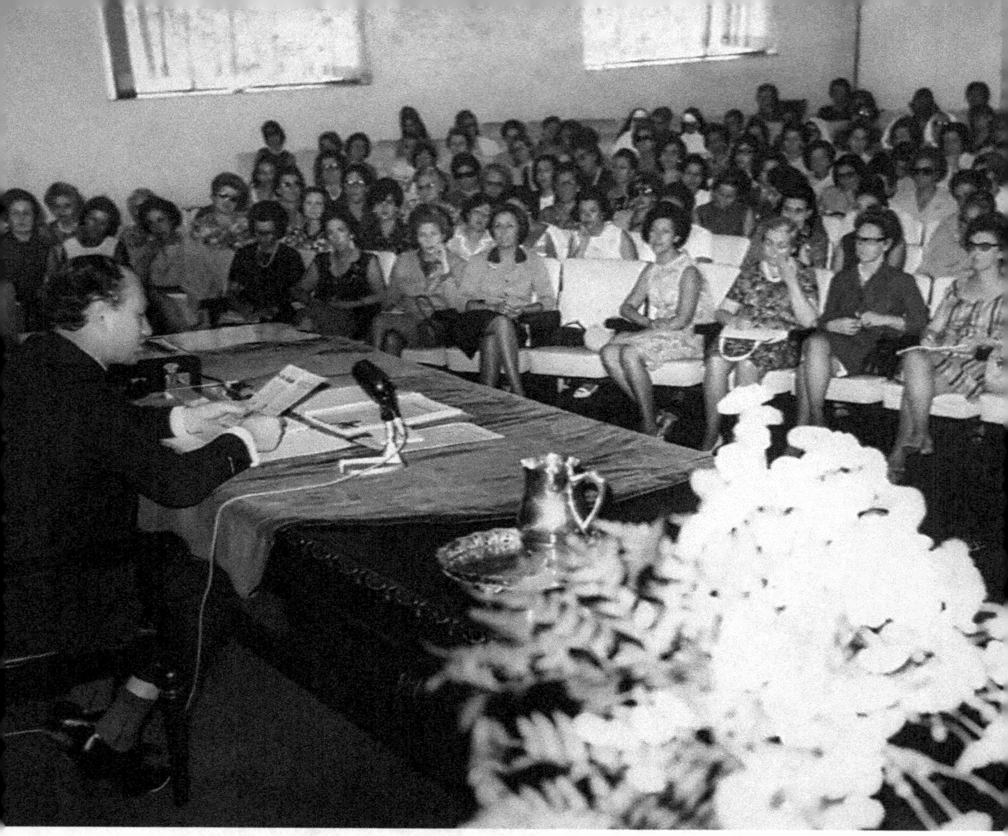

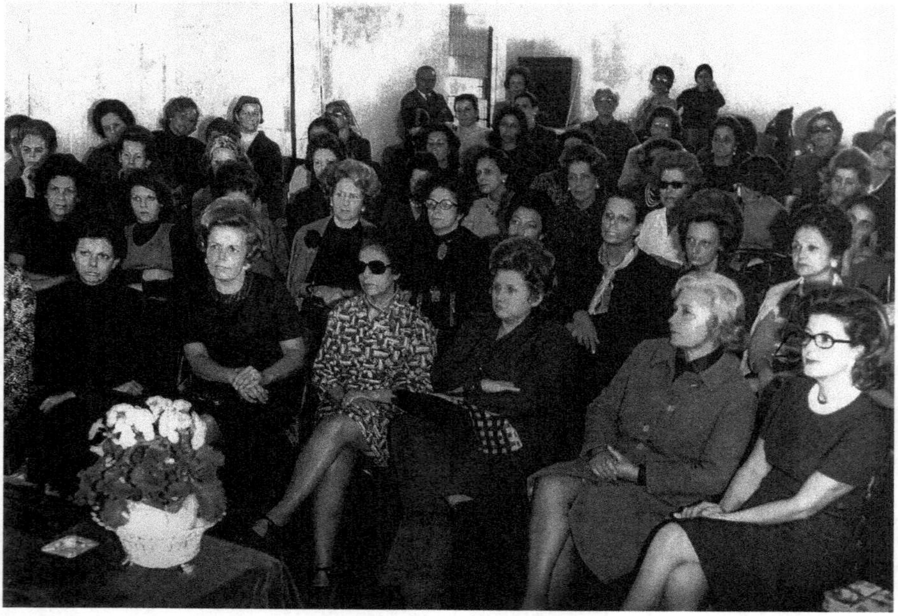

Em 1967, Margarida e Zita Bressane (*acima*) criaram o Veritas: um "centro de expansão cultural" que organizava ciclos de palestras com intelectuais renomados para um público essencialmente feminino. Na página anterior, aula do Padre Charbonneau e, logo abaixo, Margarida assiste a uma palestra na primeira fila. Ao lado, a capa do programa da primeira edição, de 1967.

Na próxima página, o programa de conferências oferecidas pelo Veritas em 1968

VERITAS

Centro de Expansão Cultural e Promoção Social

"A MULHER E O MUNDO DE HOJE"

Cursos de Atualização

—— PROGRAMA PARA O SEGUNDO SEMESTRE DE 1968 ——

CURSO I

Pe. Charbonneau — Problemática da Família de Hoje
Prof Bernardo Blay — Psicologia Moderna
Prof Paulo Mendonça — Teatro Social
Prof. Duarte Pacheco — Visão Introdutória do Pensamento Moderno
D. Candido Padim — Revolução de Valores
Prof. Maria José Werebi — Os Jovens e a Reforma Universitária
Prof. Roberto Freire — A Juventude e o Direito de Revolta
Prof. Celso Antunes — O Conflito do Vietnam
Prof. Paulo Singer — A Juventude e a Sociedade Moderna
Prof. Gilda Seraphico — Música Concreta e Eletrônica
e outros

CURSO II

Pe. Eugene Charbonneau — Realidade Sulamericana
Prof. Fábio Comparato — Realidade Brasileira
Prof. Teresinha Fram e sua equipe — Psicologia Social / Psicologia do Adulto / Metodologia de Ação

CURSO I — Liceu Eduardo Prado — Rua Jacunis
  Todas às quartas feiras às 14,30
  Início dia 14 de Agôsto

CURSO II — Colégio Nossa Senhora de Sion
  Tôdas às segundas feiras às 14,30
  Início das aulas: dia 12 de Agôsto

APOSTILAS DOS CURSOS DAS AULAS ANTERIORES À VENDA NOS CURSOS E NO SEGUINTE TELEFONE: 818892

8
Uma nova Igreja

Os PRIMEIROS ANOS EM SÃO PAULO aproximaram Margarida de uma nova Igreja, muito diferente da que ela conhecera na infância e que, até bem pouco tempo antes, era a única com a qual estava habituada. Mais do que os encontros com as Senhoras de Ação Católica, contribuíram para essa aproximação as conferências promovidas no âmbito do Veritas e a convivência com os frades dominicanos.

Por mais de quarenta anos, Margarida frequentara uma Igreja que poderia ser caracterizada como tradicional, mais conservadora do que progressista. Sua família era muito católica. "Minha avó paterna rezava três vezes por dia com os filhos, sabe?", ela conta. Do ambiente doméstico, Margarida guarda lembranças de uma prática religiosa cotidiana e essencialmente ligada ao sagrado, ao plano espiritual, às orações que enlevavam o espírito ao mesmo tempo em que buscavam alcançar graças e afastar o castigo divino. Deus era, acima de tudo, um árbitro rigoroso e onipresente, que estabelecia o sistema moral ao qual todas e todos deviam obediência. Mas também um Deus misericordioso, de quem se clamava o perdão e em nome de quem se praticava a caridade.

Na tradição religiosa dos Bulhões Pedreira, prevalecia a Igreja do "Deus tá vendo", do "Deus castiga", *pari passu* com o Deus que cria, protege, vigia e opera milagres. Uma das tias-avós de Margarida, irmã de seu avô paterno, entraria para a história da Igreja em razão de sua devoção. A história é digna de nota.

Zélia Magalhães, nascida Zélia Pedreira em 1857 na cidade de Niterói, e seu marido, Jerônimo de Castro Abreu Magalhães, são considerados Servos do Senhor e, desde 2014, estão em processo de beatificação. Conta-se que os dois eram vistos rezando diversas vezes por dia na capela da Fazenda Santa Fé, onde moravam. Conta-se também que pagavam salários aos escravos e que realizavam missas todos os dias de manhã. Os "peões" da fazenda eram instados a participar dos ritos e a receber a eucaristia.

Dos treze filhos que tiveram, quatro morreram nos primeiros meses. Todos os demais, três homens e seis mulheres, abraçaram a vida religiosa, ingressando em diferentes ordens. Aos 56 anos, já viúva, a própria Zélia entraria para o convento das Servas do Santíssimo Sacramento, no Largo do Machado. Recebeu o hábito em 1918 e adotou o nome monástico de Irmã Maria do Santíssimo Sacramento, vindo a falecer no ano seguinte. Já na década de 1920, o jazigo onde Zélia e Jerônimo foram sepultados, no Cemitério São João Batista, começou a ser visitado por fiéis. Foi o começo de uma longa tradição que, a qualquer momento, poderá culminar na beatificação do casal.

Esse histórico familiar serviu de alicerce para a fé católica de Margarida. A educação que recebeu nos colégios Sacré-Coeur e Sion também contribuiu para moldar sua prática religiosa. Sua lembrança, principalmente do Sacré-Coeur, é de uma educação rígida e de um catolicismo calcado em preceitos morais, repleto de postulados sobre o certo e o errado, o papel social da esposa, a família como fortaleza, coisa e tal.

Naqueles intensos anos 1960, Margarida não pôde evitar a sensação de anacronismo face a um catolicismo que parecia inadequado à emergência de questões sociais bastante graves e às diversas formas de desigualdade, engajada na construção de um mundo mais justo e solidário, como os frades dominicanos gostavam de repetir. Neste sentido, a mudança para São Paulo configuraria uma experiência de fato transformadora.

A paróquia São Domingos, em Perdizes, logo se tornou a preferida de Margarida. Todo domingo, já em 1967, ela saía de Higienópolis para ir à missa na Rua Caiubi. A igreja era, em si, uma atração, com capacidade para mais de mil fiéis e arquitetura minimalista: nenhuma capela lateral, nenhuma imagem de santo, nada de lustre, afresco ou vitral.

Construída entre 1953 e 1954, a igreja dos dominicanos fora projetada pelo alemão Franz Heep, o mesmo do Edifício Itália. Heep havia trabalhado com Le

Corbusier em Paris antes de se mudar para o Brasil, após a Segunda Guerra, e em menos de uma década se tornara um destacado representante da arquitetura moderna em São Paulo. Para a paróquia da Rua Caiubi, concebeu uma nave ampla e funcional, sem nenhuma coluna de sustentação e com fendas envidraçadas nas laterais, para a entrada de luz natural. Todo o piso foi feito com uma leve inclinação, uma forma de garantir a visão do altar pela "turma do fundão". Por fim, Heep dispensou qualquer divisão estrutural entre a nave, o presbitério e a pia batismal, fazendo toda a igreja em um só ambiente.

Mas não era a arquitetura moderna o que atraía Margarida. Ela gostava dos sermões, das homilias. Ouvir a palavra de Deus por meio dos frades dominicanos era quase sempre um alento, uma forma de renovar as energias, algo que provocava nela uma sensação de empatia e de convocação. Muitos anos depois, Margarida identificaria essa mesma pulsão, esse mesmo sentido de urgência, nas missas celebradas por Padre Júlio Lancellotti e transmitidas pela internet a partir da paróquia de São Miguel Arcanjo, no Belenzinho. Na segunda metade dos anos 1960, a igreja dos dominicanos ficava lotada aos domingos, com todos os bancos ocupados, a ponto de parte da audiência permanecer em pé, nas laterais ou junto à porta de entrada. Trocando em miúdos, eram mais de mil pessoas reunidas em assembleia na casa dos dominicanos, um número bastante expressivo. Muitos intelectuais e estudantes católicos adotaram a paróquia de São Domingos em razão da contundência e da atualidade dos discursos.

As homilias do Frei Chico eram as mais disputadas e as que mais tocavam Margarida. "Aguerrido, entusiasmado, ele tinha o dom da palavra", ela lembra. Frei Chico falava com vigor. Condenava as injustiças sociais e, pouco a pouco, passou a denunciar com frequência as arbitrariedades da ditadura. Não satisfeito com os sermões, fazia circular folhetos mimeografados com denúncias que raramente apareciam na TV ou nos grandes jornais. Por esse motivo, chegou a ser detido, ainda em 1967, mas não ficou mais do que uma noite na prisão. Era uma espécie de aviso, de "amostra grátis" da repressão, um preâmbulo da perseguição real que os dominicanos sofreriam a partir de 1969, culminando na onda de prisão e tortura que arrastaria mais de uma dezena deles, entre os quais Frei Betto, Frei Oswaldo, Frei Ivo, Frei Fernando e Frei Tito, este último exilado na França depois de ter sido incluído na lista de presos políticos trocados pelo embaixador suíço Giovanni Bucher, sequestrado por uma organização revolucionária em 1970.

Outro religioso que mereceu a admiração de Margarida foi Frei Bernardo Catão. Se Frei Chico era mais vigoroso, firme e entusiasmado, Frei Bernardo, também exímio orador, fazia um estilo mais intelectual, esbanjando conhecimento. "Ele era cultíssimo. Mais ou menos naquela época, foi cotado para ser

Mestre da Ordem, superior mundial dos dominicanos", Margarida conta. Ela e Zita escalaram Bernardo Catão para uma das primeiras aulas do Veritas, logo no primeiro semestre de 1967. No auditório da FAAP, Frei Bernardo falou sobre a importância do ecumenismo, sobre os desafios da fé no mundo contemporâneo, sobre a "Igreja sem fronteiras" e sobre "o cristão engajado na construção do mundo", conforme se podia ler no programa da conferência. Grosso modo, era sobre a Teologia da Libertação que Frei Bernardo falava, quatro anos antes de surgir o termo Teologia da Libertação.

As sementes estavam todas ali. Havia uma verdadeira revolução em andamento na Igreja Católica desde a conclusão do Concílio Vaticano II, oportuna maratona de discussões convocada pelo Papa João XXIII, em 1961, e encerrada no pontificado de Paulo VI, em 1965, com a participação de mais de 2 mil bispos de diversos países. O objetivo daquele encontro episcopal, dilatado ao longo de quatro anos, era exatamente preparar a Igreja para os novos tempos, renovando determinados hábitos, sobretudo no que diz respeito à ação pastoral e à formação cristã. Nas palavras do Papa João XXIII, a prioridade do concílio não era alterar tradições, mas encontrar meios para que "o depósito sagrado da doutrina cristã seja guardado e ensinado de forma mais eficaz". Neste sentido, muito se buscou atualizar no que tange à liturgia das missas, à relação com outras religiões, à participação das mulheres e à atuação dos leigos na atividade pastoral.

Todas as deliberações foram reunidas em quatro constituições, nove decretos e três declarações.

Não é objetivo deste capítulo aprofundar o tema do Concílio Vaticano II. O que buscamos evidenciar é que não somente Margarida, mas toda a Igreja católica vivia um período de renovação, embora houvesse fiéis mais permeáveis às novidades e outros nem tanto. Em maior ou menor escala, setores da Igreja buscavam maneiras de transformar em prática as boas teorias discutidas no concílio, entre eles a ordem dos dominicanos. Algumas das orientações aprovadas ali foram reunidas na Teologia da Libertação.

Teologia da Libertação: perspectivas é o título de um livro publicado em 1971 pelo teólogo e padre peruano Gustavo Gutiérrez, então um inquieto sacerdote de 42 anos, de ascendência quéchua, pós-graduado na França e pároco em Rimac, um bairro humilde de Lima. Atuando numa comunidade eclesial de base, Gutiérrez havia desempenhado a função de consultor teológico durante a segunda conferência geral do episcopado latino-americano, realizada três anos antes, em Medellín, na Colômbia, na esteira do Concílio Vaticano II. Na ocasião, o encontro de bispos da América Latina sacramentara o que se convencionou chamar de "opção preferencial pelos pobres", o compromisso de enfrentar as injustiças sociais e transformar o combate à desigualdade em alicerce da ação pastoral no continente. Em conjunto, os princípios decodificados por Gutiérrez no livro de 1971 amalgamaram o movimento conhecido justamente como Teologia da Libertação.

Entre as diferentes teorias que contribuíram para a Teologia da Libertação estavam o humanismo integral de Jacques Maritain, a teologia do desenvolvimento do Padre Lebret e a teologia da revolução de José Comblin, todas elas visões sobre uma nova Igreja, menos engessada na estrutura hierárquica do clero e mais inclinada a incidir na realidade latino-americana. No Brasil e em países vizinhos, rezar o terço ou discutir a forma mais adequada de um padre se vestir não evitavam a fome, a seca, o trabalho insalubre, os conflitos de terra, o assassinato de líderes religiosos ou a ação de grupos de extermínio. Neste sentido, era fundamental que a Igreja passasse a atuar também nesses temas, lançando mão de sua capilaridade e de sua credibilidade de modo a incidir na transformação do mundo, sempre a partir da experiência local.

De forma análoga às palavras geradoras adotadas por Paulo Freire em seu método de educação popular, tão em voga naqueles tempos, também a prática religiosa deveria considerar a realidade de cada católico. "Cada um lê com os olhos que tem e interpreta a partir de onde os pés pisam", escreveria Leonardo Boff, então frade franciscano e um dos mais importantes formuladores da Teologia da Libertação no Brasil, ao lado de Dom Hélder Câmara, Dom Pedro Casaldáliga, Frei Betto e outros. Era preciso palmilhar campo e cidade, aldeias e quilombos, morros e alagados, vilas e favelas. Era preciso chegar mais perto, falar de igual para igual, trocar a mitra pelo boné ou pelo chapéu de palha sempre que possível. Um efeito colateral dessa nova doutrina foi despertar a reação dos teólogos conservadores e atrair a vigilância da Congregação para a Doutrina da Fé, uma espécie de zeladoria dos dogmas e da moral católica, sediada no Vaticano e presidida na época pelo cardeal Ratzinger, mais tarde entronizado Papa Bento XVI. Sob muitos aspectos, a "opção preferencial pelos pobres" foi interpretada como marxismo, socialismo ou outras heresias pela cúpula da Igreja, o que levou Roma a condenar a obra e a atividade de alguns de seus formuladores, entre os quais Leonardo Boff, punido em 1985 com um "silêncio obsequioso" em razão das críticas que dirigira ao clero em seu livro *Igreja, carisma e poder*, de 1981. Retirada a lei do silêncio, no ano seguinte, Boff pôde retomar as conferências e os escritos sobre fé, Igreja e Teologia da Libertação. Dez anos depois, em 1992, Boff comunicaria ao Vaticano sua renúncia ao sacerdócio.

Ao longo das décadas de 1970 e 1980, Margarida seria profundamente influenciada pela Teologia da Libertação. Passados cinquenta anos desde a formulação do conceito, Margarida lamenta não ter testemunhado a consagração da Teologia da Libertação como doutrina hegemônica na Igreja. "Para a gente, que acreditou e lutou por aquilo, dá uma decepção", diz. "Hoje ninguém mais fala em Teologia da Libertação. Acho que os jovens nem sabem mais o que foi isso".

Ao lado das homilias de Frei Chico, da convivência com os frades dominicanos e dos princípios da Teologia da Libertação, também o humanismo cristão inspirou a atividade de Margarida nos primeiros anos em São Paulo. Algumas semanas após a palestra de Frei Bernardo sobre ecumenismo e sobre a Igreja na América Latina, quem encarou a audiência do Veritas no auditório da FAAP foi o superior dos padres da Congregação de Santa Cruz e vice-diretor do colégio de mesmo nome. Paul-Eugène Charbonneau era um famoso intelectual católico canadense, herdeiro do humanismo professado pelos franceses Jacques Maritain e Padre Lebret, que aparecia com frequência na televisão e nas páginas de opinião dos grandes jornais. Charbonneau era ainda autor de diversos livros, alguns com títulos tão sugestivos quanto *Cristianismo, sociedade e revolução*, de 1965, no qual atribuía à "demagogia de direita" a responsabilidade por instituir "um estado de espírito em que a suspeita substitui a prova e a calúnia basta para a acusação" e por "descobrir comunismo onde não se trata senão de justiça social".

Padre Eugênio, como era conhecido pelos alunos do Colégio Santa Cruz, foi chamado ao Veritas para falar sobre a encíclica *Populorum Progressio*, que acabara de ser editada pelo Papa Paulo VI, em março de 1967. Encíclica é o nome que se dá aos documentos escritos pelos papas com o objetivo de endereçar orientações ao clero e à comunidade cristã. Em conjunto, funcionam como um repositório da doutrina e da tradição católicas. Em perspectiva, revelam informações relevantes sobre a conjuntura mundial nos respectivos momentos em que foram editadas. Na encíclica *Rerum Novarum*, de 1891, por exemplo, o Papa Leão XIII tratara das condições da classe trabalhadora, de justiça social, da propriedade privada e de formas de melhor distribuir a riqueza. Já na encíclica *Pacem in Terris*, de 1963, o Papa João XXIII faz a defesa dos Direitos Humanos como condição para a garantia da paz e protesta contra o emprego da violência ou das armas para se resolverem os conflitos entre as nações. Numa das passagens mais conhecidas desta encíclica, João XXIII afirma que "a paz entre os povos exige a verdade como fundamento, a justiça como norma, o amor como motor e a liberdade como clima".

Agora, em 1967, a recém publicada encíclica *Populorum Progressio* tinha como principais destinatários os países em desenvolvimento e se empenhava em denunciar os efeitos colaterais da colonização, as desigualdades perpetradas pelos diferentes estágios da industrialização e as perversões de um sistema econômico fundamentado no lucro. "A situação atual deve ser enfrentada corajosamente, assim como devem ser combatidas e vencidas as injustiças que ela comporta", conclamava Paulo VI. "O desenvolvimento exige transformações audaciosas, profundamente inovadoras. Devem empreender-se, sem demora, reformas urgentes. Contribuir para elas com a sua parte, compete a cada pessoa, sobretudo àquelas que, por educação, situação e poder, têm grandes possibilidades de influxo".

Entre as propostas listadas na encíclica, uma delas deixaria marcas profundas na defesa dos Direitos Humanos em São Paulo e na trajetória pessoal de Margarida. "Julgamos ser nosso dever criar, entre os organismos centrais da Igreja, uma comissão pontifícia encarregada de suscitar em todo o povo de Deus o pleno conhecimento da missão que os tempos atuais reclamam dele, de maneira a promover o progresso dos povos mais pobres, a favorecer a justiça social entre as nações, a oferecer às que estão menos desenvolvidas um auxílio, de maneira que possam prover, por si próprias e para si próprias, ao seu progresso", dizia o texto. "Justiça e Paz é o seu nome e o seu programa".

Fato é que, antes mesmo de conhecer Dom Paulo Evaristo Arns, nomeado arcebispo em 1970 e cardeal em 1973, e antes de se somar à Comissão Justiça e Paz da Arquidiocese de São Paulo, Margarida já começava a trilhar os caminhos da Igreja dos pobres e da justiça social. Um caminho pelo qual Margarida avançaria a passos largos e firmes pelas décadas seguintes.

9

Coragem em tempos terríveis (os dias eram assim)

Uma multidão lotou o Maracanã no dia 20 de janeiro de 1983, uma quinta-feira. Quebrando a tradição de ocupar a geral e as arquibancadas, naquele dia a turba se dirigiu à área edificada do estádio, precisamente ao hall dos elevadores, que dava acesso às tribunas de honra e à sala de imprensa. Apesar da profusão de bandeiras do Brasil e do Botafogo, ninguém estava ali para torcer ou festejar. A razão da presença de tantos torcedores era a morte precoce de um ídolo, Mané Garrincha, aos 49 anos. O melhor jogador da Copa de 1962, a alegria do povo, o anjo das pernas tortas, o maior driblador de todos os tempos acabara de perder a partida final para um dos poucos rivais capazes de vencê-lo: o álcool.

O Brasil ficou um pouco menor naquela quinta-feira. E os brasileiros, ainda não recuperados do fracasso da imponente seleção canarinho na Copa de 1982, choraram a morte de um gigante. "Garrincha até que foi generoso, morrendo de manhã bem cedo e deixando um dia inteiro para que a gente pensasse nele", escreveu o jornalista Sérgio Cabral, pai do futuro governador do Rio de Janeiro, em sua coluna n'*O Globo*. "Ele foi o homem que deu mais alegria em toda a história do futebol", cravou Eduardo Galeano no livro *O futebol ao sol e à sombra*, de 1995. E acrescentou: "Quando ele estava lá, o campo era um picadeiro de circo; a bola, um bicho amestrado; a partida, um convite à festa". Após o velório, o esquife do ídolo desfilou pelo Rio, sobre um caminhão do Corpo de Bombeiros, rumo ao cemitério de Magé.

Coincidentemente, quem também percorreu as ruas do Rio naquele 20 de janeiro foi Adolfo Pérez Esquivel, Nobel da Paz de 1980. Torcedor do Independiente de Buenos Aires, Esquivel não foi ao Maracanã. Tampouco desfilou em carro aberto, na Avenida Rio Branco ou na Avenida Atlântica. Representando o Serviço Paz e Justiça na América Latina, uma organização não-governamental com sede na Costa Rica coordenada por ele, Esquivel se reuniu com Dom Eugênio Salles, arcebispo do Rio, e com Dom Adriano Hipólito, bispo de Nova Iguaçu. Numa das reuniões, ladeado por sacerdotes e ativistas dos Direitos Humanos, Esquivel comemorou a atitude de Dom Paulo Evaristo Arns, que uma semana antes estivera no Vaticano e entregara ao Papa João Paulo II um dossiê com os nomes de 7.791 pessoas desaparecidas na Argentina entre 1977 e 1982, incluindo treze brasileiros. O dossiê, prefaciado pelo próprio Dom Paulo e intitulado *Desaparecidos en Argentina*, tinha sido uma iniciativa do Clamor, o Comitê de Defesa dos Direitos Humanos no Cone Sul, cujo braço brasileiro era sediado na Cúria Metropolitana de São Paulo. O documento também foi enviado à Organização das Nações Unidas (ONU) e à Organização dos Estados Americanos (OEA).

As afinidades entre o Brasil de Dom Paulo e a Argentina de Esquivel extrapolavam a habilidade dos craques nos gramados. O brasileiro João Baptista Figueiredo e o argentino Reynaldo Bignone eram ambos generais, alçados à Presidência da República por meio de golpes militares, e tinham em comum a missão de conduzir os respectivos países de volta à democracia. Ao menos na teoria. Ainda eram visíveis, no entanto, os reflexos da Operação Condor, uma espécie de consórcio criado pelas ditaduras sul-americanas para fortalecer a repressão no continente, com o auxílio vigoroso de autoridades norte-americanas e de uma rede internacional de informação. Neste sentido, o gesto de Dom Paulo de denunciar o arbítrio, inclusive no Vaticano, era, de fato, bastante significativo. Cada vez mais, Dom Paulo estava convencido de que, para além dos dez mandamentos da Igreja – entre eles o incontestável "não matarás" –, era preciso abraçar os trinta "mandamentos" da Declaração Universal dos Direitos Humanos, como chegou a se referir algumas vezes aos trinta artigos. "Ninguém será submetido à tortura, nem a tratamento ou castigo cruel, desumano ou degradante", dizia o artigo 5º da Declaração. "Ninguém será arbitrariamente preso, detido ou exilado", recomendava o artigo 9º.

A ditadura brasileira havia completado dezoito anos, e o general em exercício adiava indefinidamente a promessa de abertura. Enquanto isso, a verdade sobre a tortura, sobre o paradeiro dos desaparecidos políticos e das muitas vítimas fatais do regime de exceção permanecia distante.

Quase ninguém sabia, mas, nessa mesma época, o cardeal de São Paulo liderava um projeto audacioso, junto com o reverendo Jaime Wright, pastor presbiteriano e irmão do desaparecido político Paulo Stuart Wright. Mais tarde batizado de Brasil: Nunca Mais, o projeto consistia na mais completa investigação já feita sobre o uso da tortura pelos militares. Desde meados de 1979, sob as bênçãos e a proteção do cardeal e com patrocínio do Conselho Mundial de Igrejas, em Genebra, um grupo de advogados com acesso ao Superior Tribunal Militar havia aproveitado a única brecha que o regimento interno lhes conferia – o direito de retirar os processos por um prazo de até 24 horas – para reproduzir, discretamente, cópias de todo o material que conseguisse. Ao longo de pouco mais de cinco anos, até o final de 1984, este grupo conseguiria inventariar 707 processos na íntegra e dezenas de páginas avulsas, o que representava a quase totalidade dos processos políticos que transitaram na Justiça Militar e chegaram à instância superior entre o golpe (1964) e a anistia (1979). Um impressionante acervo de 1 milhão de páginas.

Além das cópias em papel, todo esse material era prontamente microfilmado. Em duas vias, para que uma delas fosse enviada ao exterior e guardada em Genebra, na Suíça. Esse vasto e espantoso material resultaria num relatório de cinco mil páginas e numa espécie de resumo, editada na forma de livro, publicado em março de 1985 pela Editora Vozes. Ao longo de 300 páginas, a publicação expôs um panorama detalhado da tortura no Brasil: métodos, locais, instâncias envolvidas e casos exemplares, além de um descritivo das principais organizações de esquerda que atuaram na clandestinidade naquelas duas décadas e de depoimentos que, encontrados em documentos oficiais, evidenciavam o assassinato e o desaparecimento forçado de tantos brasileiros, muitos deles sem qualquer envolvimento com atividades de resistência. Em 2014, aniversário de 50 anos do golpe militar, o livro chegaria à 41ª edição.

Entre os advogados e advogadas à frente desse trabalho estavam profissionais como Eny Raimundo Moreira, idealizadora do projeto, Luiz Carlos Sigmaringa Seixas, Luiz Eduardo Greenhalgh e Mário Simas, membro fundador da Comissão Justiça e Paz de São Paulo. A pesquisa, incluindo a logística de obtenção dos dados e a metodologia para sistematização das informações, foi coordenada pela socióloga Vanya Santana. A etapa final, que consistiu na compilação dos documentos, na edição do relatório final e na transformação da pesquisa em livro, contou com um pequeno grupo de jornalistas, liderado por Ricardo Kotscho e Frei Betto, sob a coordenação do também jornalista Paulo Vannuchi, que vinte anos mais tarde seria nomeado ministro dos Direitos Humanos.

Nenhum desses colaboradores teve seu nome revelado na época. Apenas Dom Paulo e o reverendo Jaime Wright foram creditados no livro e atuaram como porta-vozes do projeto.

Quando Margarida Genevois assumiu a presidência da Comissão Justiça e Paz, substituindo José Gregori em julho de 1982 e eleita em dezembro daquele ano para dois mandatos consecutivos, até dezembro de 1986, o projeto Brasil: Nunca Mais corria a todo vapor. E, embora Figueiredo prometesse restaurar a democracia desde que chegara ao Palácio do Planalto, em março de 1979, ainda havia muito a ser feito.

Nos anos que antecederam a presidência de Margarida, a Comissão Justiça e Paz havia promovido debates muito oportunos e se engajado na publicação de materiais muito relevantes. O primeiro deles foi o livro *São Paulo 1975: crescimento e pobreza*, principal desdobramento de uma alentada pesquisa socioeconômica sobre a população paulistana encomendada pela Comissão Justiça e Paz ao Cebrap e coordenada pelos professores Lúcio Kovarick e Vinícius Caldeira Brant, dois jovens sociólogos então com menos de 40 anos. A iniciativa foi da própria Margarida.

Única mulher no organograma da CJP, à qual havia aderido no ano anterior, Margarida ouviu Dom Paulo reclamar, em janeiro de 1974, às vésperas do aniversário de 420 anos de São Paulo. Ele tinha sido convidado para dar uma palestra sobre os problemas da cidade e se sentira obrigado a declinar em razão do pouco conhecimento sobre o tema.

— Como não tenho esses dados, recusei – justificou. — Em São Paulo, não tem quem forneça essas informações.

Margarida achou aquilo inadmissível. Como podia o cardeal de São Paulo não ter acesso a dados consistentes sobre a realidade dos moradores de sua própria diocese? Recém-formada em Ciências Sociais, ela mesma se dispôs a buscar fontes confiáveis e levantar o que fosse possível para preparar Dom Paulo para seminários e entrevistas.

— Vou atrás desses dados para você – decretou.

A primeira atitude de Margarida foi pedir orientação para o amigo Cândido Procópio Ferreira de Camargo, sociólogo e demógrafo que havia integrado o núcleo de conferencistas do Veritas e que, naquele momento, era muito atuante no Centro Brasileiro de Análise e Planejamento.

O Cebrap, em si, era uma história à parte. Fora fundado em 1969 por professores da USP que tinham sido aposentados ou afastados da docência após o AI-5, sob a acusação de doutrinação comunista ou de atividade subversiva. Eram tempos de "escola sem partido", embora essa expressão só fosse surgir algumas décadas depois.

Em 1974, o Cebrap aglutinava o suprassumo do pensamento acadêmico paulista nas áreas de ciências humanas, sobretudo nas ciências sociais e econômicas. Entre os pesquisadores associados estavam Fernando Henrique Cardoso, Paul Singer, Maria Hermínia Tavares de Almeida e José Álvaro Moisés. Todos participariam do livro.

— Procópio, me ajude — pediu Margarida ao telefone. — Onde eu encontro essas informações?

O professor deu uma porção de dicas e concluiu com uma proposta:

— Mas quem é que vai fazer a análise desses dados todos? – indagou. — Olha, se você arranjar verba, o Cebrap assume a pesquisa e a análise. Faz tempo que a gente está querendo fazer um estudo como este.

Margarida gostou da ideia. Elaborou um projeto, colocou numa pasta e levou a proposta para passear na Europa. "Passei o chapéu e consegui", lembra. "Levantei recursos em Londres, na Irlanda e na Suíça. Foi o suficiente para encomendar a pesquisa e imprimir três mil exemplares". Em agosto de 1976, quando o livro ficou pronto, após mais de um ano de trabalho, o próprio Cândido Procópio foi à Cúria entregar alguns exemplares para Margarida:

— Toma que o filho é teu.

"Eu fiquei tão contente", ela conta. "Ele havia se lembrado de que a origem daquele trabalho tinha sido ideia minha".

A obra *São Paulo 1975: crescimento e pobreza* teve o condão de descortinar uma realidade que, aos olhos de muitos, permanecia oculta: a compreensão de que o tal milagre econômico, propulsor do progresso de São Paulo, estava alicerçado no agravamento das condições de vida da imensa maioria da população, cada vez mais marginalizada e empobrecida, sobretudo nas franjas da cidade. "O desenvolvimento paulistano, examinado à luz das condições de vida dos habitantes, traduz-se num elevado e crescente desnível entre a opulência de poucos e as dificuldades de muitos", escreveu Dom Paulo no texto de apresentação. "O agravamento das condições de vida da maioria é um índice que se revela de modo dramático na inflexão da curva da mortalidade infantil. Em constante declínio a partir de 1940, tendo diminuído 30% entre 1940 e 1950 e 32% entre 1950 e 1960, esta experimentou violento recrudescimento entre 1960 e 1973, tendo aumentado 45%".

A repercussão foi tão positiva que extremistas de direita trataram de explodir uma bomba na sede do Cebrap no dia 4 de setembro de 1976, logo após o lançamento. Se havia incomodado os setores mais conservadores da sociedade, então alguma coisa boa eles tinham feito.

Para a Comissão Justiça e Paz, na época presidida pelo advogado e professor de direito Dalmo de Abreu Dallari, aquele foi um marco importante. Além de denunciar as torturas e demais atrocidades praticadas pela repressão, a CJP despontava como um órgão disposto a empreender uma análise refinada sobre a realidade brasileira e apontar o dedo para os ataques desferidos pela ditadura militar contra a população em geral, extrapolando o círculo circunscrito aos militantes políticos, que parte da sociedade chamava de "subversiva". E, transpondo os limites da denúncia ou da crítica, cabia à CJP indicar caminhos e elaborar soluções. Foi assim em diversos momentos, diante de diversos problemas, como a investigação feita por Hélio Bicudo sobre o grupo de extermínio batizado de Esquadrões da Morte, em 1976, ou uma pesquisa inédita sobre a prática de linchamentos encomendada à socióloga Maria Victoria Benevides em 1981.

José Gregori, que antecedeu Margarida na presidência da entidade na virada dos anos 1970 para os anos 1980 e que mais tarde se tornaria ministro da Justiça no governo de Fernando Henrique Cardoso (1995-2002), tratou desse aspecto em sua autobiografia, intitulada *Os sonhos que alimentam a vida*, de 2009. "Não me satisfaria integrar uma comissão só de denúncias, uma espécie de corregedoria ou promotoria da sociedade civil", escreveu. "Meu entendimento é que os Direitos Humanos devem exercer uma função construtiva, de estimular os avanços civilizatórios da sociedade. A denúncia é apenas um aspecto de sua missão profética. Deve ir além de condenar o Mal; deve criar condições para que ele desapareça ou diminua".

Margarida partilhava dessa convicção. Com o tempo, pôde contribuir para que a CJP superasse a etapa inicial, referida pelos membros como "fase das catacumbas", quando, aí sim, era preciso denunciar e fazer barulho para evitar mortes, torturas e desaparecimentos. No dia a dia, esmerava-se na defesa dos presos políticos. Alguns dos advogados que integravam a Comissão chegaram a ter simultaneamente mais de cinquenta clientes presos naqueles primeiros anos. E precisavam, eles mesmos, manter-se permanentemente em posição de alerta. A hipótese de atentado, contra a Cúria ou contra os respectivos escritórios de advocacia, era real. A qualquer momento, um deles poderia ser detido e enquadrado na Lei de Segurança Nacional, instrumento que tinha por finalidade legalizar o arbítrio e garantir uma espécie de salvo conduto para a repressão.

Embora a atividade da CJP fosse absolutamente legítima e, desde 1975, contasse com personalidade jurídica, devidamente registrada em cartório – uma forma de evitar o desgaste de ser chamada de clandestina –, os militares certamente não teriam dificuldade para encontrar alguma brecha a fim de criar obstáculos.

Os próprios membros da CJP viviam sob vigilância. No livro *Fé na Luta*, de 2009, a socióloga Maria Victoria de Mesquita Benevides registra a localização de pelo menos cento e vinte páginas com menção à CJP no acervo do Dops de São Paulo, sem contar os prontuários individuais dedicados a alguns de seus membros. De 1974 a 1983, segundo a autora, foram reunidos panfletos e boletins produzidos pela Comissão, artigos e reportagens de jornais que a citavam, bem como anotações e relatórios feitos pelos agentes do Dops, normalmente infiltrados em atos e assembleias nos quais a atividade da CJP fora mencionada ou que tiveram advogados da CJP entre os participantes.

Num dos momentos de maior tensão, policiais foram enviados à igreja da Penha, na Zona Leste de São Paulo, para vigiar o lançamento do Movimento Justiça e Libertação, organizado pela Comissão Justiça e Paz junto a outras dezenove entidades. Cerca de duas mil pessoas lotaram a igreja numa tarde de domingo, 18 de setembro de 1977. Nas paredes internas, foram fixadas faixas com dizeres como "fim do arrocho salarial" e "por melhores condições de vida ao povo". Nas falas dos oradores, menções às prisões políticas, à tortura, à expulsão de padres estrangeiros e ao aumento do custo de vida. José Gregori, tesoureiro da CJP e um de seus fundadores, leu um manifesto.

Terminado o encontro, segundo relatório do Dops, a multidão saiu em passeata, aos gritos de "abaixo a ditadura" e "o povo unido jamais será vencido". Fora da igreja, a polícia agiu de forma ostensiva. Dispersou a passeata e prendeu estudantes. Enquanto Gregori buscava o carro numa rua próxima, sua mulher, Maria Helena, tentou interceder em defesa dos jovens presos e foi igualmente detida, levada ao Dops para prestar esclarecimentos. Maria Helena foi solta horas depois, após ser interrogada pelo próprio coronel Erasmo Dias, secretário de Segurança Pública de São Paulo – que não lhe dirigiu a palavra, mas que soprava ao delegado as perguntas que deveriam ser feitas.

O episódio não teve maiores consequências, mas funcionou como uma tentativa de desestabilizar a turma da CJP, sobretudo Gregori, que assumiria a presidência da Comissão no ano seguinte. Ao mesmo tempo, evidenciou o clima de radicalização dentro do aparato repressivo. Erasmo Dias subia o tom e pesava a mão. Apenas quatro dias depois do incidente na Penha, o coronel comandaria um dos eventos mais brutais do período ditatorial: a invasão do campus da PUC, em Perdizes, pela tropa de choque. Incumbidos de dispersar uma assembleia estudantil, policiais atacaram com cassetetes e bombas, ferindo centenas de jovens. Alguns despencaram das escadas e foram pisoteados na tentativa desesperada de evacuar o prédio. Outros sofreram queimaduras de terceiro grau provocadas pelas bombas da PM. Os agentes aproveitaram a invasão para depredar a universidade, quebrando móveis e rasgando livros nos gabinetes dos professores. Setecentas pessoas foram presas naquela noite. "Na PUC só se entra prestando o vestibular", Dom Paulo protestaria na manhã seguinte. "E só se entra para ajudar o povo, e não para destruir as coisas".

Margarida também viveu seus momentos de tensão. Um dos mais angustiantes aconteceu na própria Cúria Metropolitana, em 1981, durante o expediente. Certa tarde, Ivy Nogueira Nico, a secretária, aproximou-se aflita para anunciar a chegada de um policial, que pedira para conversar com alguém da diretoria.

— Avisa o Gregori — ela pediu, discretamente, sugerindo que o presidente da CJP fosse acionado. — Vai que esse policial decide me dar voz de prisão.

A hipótese de ser presa não tinha nada de paranoia. Outros membros da Comissão haviam vivido experiências parecidas. Waldemar Rossi, preso em 1974, foi torturado e permaneceu quatro meses recluso no Dops. José Carlos Dias e Dalmo Dallari foram detidos em abril de 1980 e passaram a manhã no Dops, no mesmo dia em que prenderam Luiz Inácio Lula da Silva e outros doze sindicalistas do ABC, enquadrados na Lei de Segurança Nacional por fazerem apologia a greve. Três meses depois, Dallari levaria outro susto: sequestrado à porta de casa, foi espancado e jogado num matagal na véspera da visita do Papa João Paulo II. O atentado foi interpretado como uma espécie de recado, atribuído a um dos grupos paramilitares que orbitavam a PM de São Paulo. Dallari, primeiro presidente da CJP e até então seu nome mais conhecido, tinha sido escolhido para ler um texto litúrgico na missa que o Papa celebraria no estádio do Morumbi. Alguém parecia empenhado em impedi-lo. Dallari acabou indo à missa, mesmo machucado. Chegou à tribuna numa cadeira de rodas, ergueu-se e leu o que estava previsto, amparado por José Gregori e por Flávio Bierrenbach, também advogado e membro da Comissão.

Na visita que fez à Cúria, o oficial, muito polido, pediu licença e explicou que estava ali para saber o tipo de atividade que a Comissão realizava. "Fiquei calmíssima, graças a Deus", diz Margarida. "Contei a ele que a gente recebia as pessoas que estavam precisando de comida ou que não tinham onde morar e as encaminhava para outras associações. Ou seja, falei como se o nosso trabalho fosse puro assistencialismo, como se eu fosse uma burguesa alienada e só me preocupasse com ações de caridade".

Durante a sabatina, o agente olhava Margarida de cima a baixo. Anotou tudo, ficou admirado quando ela explicou que a CJP tinha personalidade jurídica e declinou quando ela lhe perguntou se ele queria ver uma cópia do estatuto. Gregori ainda não tinha sido localizado quando o policial deixou a Cúria. "Eu tremia", lembra Margarida. "Aí eu mesma liguei para o Gregori e ele finalmente atendeu. Contei o que tinha acontecido".

— Estou voando para aí.

— Não precisa mais, ele já foi embora.

"Foi uma emoção enorme naquele dia", ela diz.

10
Uma trabalhadora na Febem

MARGARIDA TINHA ACABADO DE COMPLETAR 52 anos quando precisou correr atrás de alguns documentos. Depois de quase duas décadas coordenando o posto de puericultura na fazenda da Rhodia, oito anos à frente dos cursos de formação do Veritas e mais dois como integrante da Comissão Justiça e Paz de São Paulo, Margarida estava prestes a ser contratada para aquele que seria seu primeiro emprego de verdade, com salário e carteira assinada.

— Então você volta na semana que vem e traz sua carteira de trabalho – foi a orientação que recebeu.

Ótimo. Só faltava providenciar a carteira de trabalho.

Margarida nunca tivera uma carteira de trabalho – e não se conformava com isso. Na São Paulo cosmopolita de 1975, 50% das jovens de 15 a 19 anos estavam economicamente ocupadas, segundo a Pesquisa Nacional por Amostra de Domicílio (PNAD) do IBGE. A nova geração de mulheres de classe média tinha colocado os dois pés no mercado de trabalho. Até o fim da década, as mulheres que "trabalhavam fora", como se dizia, superariam numericamente as que não participavam da população economicamente ativa (PEA). Atenta às circunstâncias, Margarida considerava o fim da picada chegar aos 50 sem nenhum registro em carteira. Sentiu-se orgulhosa com o convite que recebera e, entusiasmada, providenciou os documentos necessários.

Seu empregador era uma autarquia de direito público criada pelo Governo do Estado de São Paulo no ano anterior, a Fundação Paulista de Promoção Social do Menor. Vinculada à Secretaria de Promoção Social do Estado de São Paulo, a Fundação Pró-Menor logo mudaria de nome, ainda em 1975, passando a se chamar Fundação Estadual do Bem-Estar do Menor, ou Febem, precursora da Fundação Casa.

Foi João Benedicto de Azevedo Marques, recém-empossado presidente da entidade, quem a convidou. Ao lado da assistente social Maria Ignês Bierrenbach, Margarida assumiu o desafio de montar e coordenar uma área nova dentro da Febem: o setor do voluntariado. Maria Ignês cuidaria da parte técnica. Margarida coordenaria o serviço e, em certa medida, atuaria como uma espécie de embaixadora, a um só tempo porta-voz e principal divulgadora da iniciativa.

A missão da Febem era oferecer atendimento adequado a crianças e adolescentes em situação de vulnerabilidade, fossem eles órfãos, carentes ou infratores. As necessidades eram muitas. E diversas, uma vez que o universo dos menores atendidos contemplava desde bebês recém-nascidos até jovens às vésperas de completar 18 anos. Já naquela época, havia demandas demais para pouca perna, principalmente após uma das primeiras deliberações da gestão de João Benedicto: remover os policiais militares das atividades internas do órgão. "Decidimos priorizar assistentes sociais e educadores", conta o ex-diretor. "A atuação da PM foi limitada à vigilância, nas muralhas e no pátio".

Psicólogos, pedagogos, médicos, dentistas, professores e monitores, todos civis, cuidavam do dia a dia nas 27 unidades da Febem em todo o Estado, considerando os estabelecimentos voltados para a primeira infância e os dedicados ao cumprimento de medidas socioeducativas com restrição de liberdade, ocupados por jovens em conflito com a lei. O número de servidores, no entanto, não era suficiente para oferecer um tipo de cuidado que ia além da alimentação e da estrutura mínima para a sobrevivência dos menores. O trabalho voluntário veio suprir essa ausência.

Trabalho voluntário ainda era um conceito incipiente no Brasil, que precisava ser explicado. "Chama-se trabalho voluntário, realizado sem remuneração econômica, aquele realizado por indivíduos que têm a cargo serviços de Bem Estar Social e melhoramentos coletivos", ensinou um boletim distribuído pela Febem em meados de 1977. Em texto assinado no mesmo boletim, Margarida resume as atividades desenvolvidas ao longo dos dois anos anteriores e volta a explicar o trabalho voluntário: "Complementar ao trabalho dos técnicos da área social, cujos profissionais são insuficientes em número para poderem, por si mesmo, prestar a colaboração requerida para enfrentar os numerosos problemas e deficiências que defrontam, a participação do voluntariado é um fator relevante no processo de promoção humana".

Margarida tinha experiência no tema, desde o serviço social na fazenda da Rhodia. De qualquer forma, esse trabalho voluntário organizado, com recrutamento e capacitação, ainda era algo a ser construído. Coube a Margarida implementá-lo, tarefa que teve início em meados de 1975, no Educandário Sampaio Viana, unidade que atendia a cerca de quinhentas crianças de zero a 6 anos, no Pacaembu. As primeiras ações contemplaram os menores, de até 3 anos. "Era uma sala grande, cheia de berços, com umas trinta crianças", ela lembra. "Essas crianças até que recebiam um tratamento razoável ali, com conforto, todas as refeições, mas eram tristes, murchas, sabe?" As primeiras voluntárias começaram a visitar a Febem ainda em 1975. Passavam algumas horas e se ocupavam de entreter as crianças. "Elas distraíam, brincavam, davam carinho, punham no colo, coisas que aquelas crianças não tinham", conta. "Foi um sucesso", afirma Maria Ignês. "Margarida chamou as mulheres que frequentavam o Veritas e as esposas dos secretários do governador Paulo Egydio. Muitas foram visitar e algumas aderiram, como a mulher do Erasmo Dias, que era o secretário de Segurança Pública".

O passo seguinte foi estender o atendimento às crianças de 3 a 6. Os voluntários estimulavam a cognição, levavam para tomar sol, conversavam, coisas que as equipes fixas não davam conta de fazer. Com o tempo, o trabalho voluntário se estendeu para outras unidades e outras faixas etárias. Havia oficinas, atividades culturais, torneios, e, já em 1977, foram organizadas as primeiras excursões. Voluntários negociavam ingressos em teatros, por exemplo, e providenciavam ônibus para levar as crianças. "Uma vez, teve um voluntário que levou um grupo de adolescentes em conflito com a lei para ver um jogo do Corinthians no Pacaembu", conta João Benedicto. Segundo ele, o voluntariado coordenado por Margarida teve o condão de oxigenar as equipes fixas e possibilitar momentos de descontração e lazer que não existiam antes.

A temporada de Margarida na Febem foi intensa e cheia de desafios. Terminado o mandato de Paulo Egydio, em 1979, João Benedicto foi exonerado da presidência da Febem e Margarida optou por se desligar. O serviço implementado por ela enfrentaria quatro anos de descaso na gestão seguinte, sob administração de Paulo Maluf, e retomaria o vigor a partir de 1983, com Franco Montoro, quando Maria Ignês seria nomeada presidente da Febem e a atuação dos voluntários foi retomada. Em seu mandato, buscou-se descentralizar os trabalhos na unidade Sampaio Viana, distribuindo as quinhentas crianças em turmas menores, sob a gestão de diferentes organizações da sociedade civil, num processo que priorizou a atenção humanizada. Alguns dos voluntários se organizaram numa

OSC e assumiram parte das novas turmas. Ainda nos anos 1980, o voluntariado da Febem inspiraria a organização de um setor similar no sistema prisional.

A passagem de Margarida pela Febem também coincidiu com a criação, em 1977, da Pastoral do Menor da Arquidiocese de São Paulo, que tinha como missão a "promoção e defesa da vida da criança e do adolescente empobrecido e em situação de risco, desrespeitados em seus direitos fundamentais". Entre os objetivos da nova pastoral, conforme formulação feita na época por Dom Paulo, estavam o de prestar assistência pedagógica e espiritual aos internos e o de contribuir para a qualidade do atendimento ao adolescente autor de ato infracional.

Em seu primeiro – e único – emprego com carteira assinada, sem jamais abdicar das tarefas na CJP, Margarida pôde exercer seu olhar aguçado para as necessidades dos outros e, principalmente, para aquilo que a Declaração Universal dos Direitos Humanos chama de dignidade humana. Se, no mundo real, ainda não alcançamos o "ideal comum" de nascer "livres e iguais em dignidade e direitos", conforme o artigo 1º do documento estabelecido pela ONU em 1948, é sempre tempo de correr atrás.

11
O povo contra a Lei de Segurança Nacional

Quando Margarida assumiu a presidência da Comissão Justiça e Paz, em meados de 1982, o que estava na ordem do dia era exigir a revogação da Lei de Segurança Nacional (LSN).

No âmbito dos Direitos Humanos, nada parecia tão urgente e necessário. Apoiada em tal peça jurídica – que os advogados da CJP consideravam não apenas perversa, mas absolutamente anacrônica após a promulgação da lei da anistia, em agosto de 1979 –, a ditadura perpetuava o Estado de exceção inaugurado em 1964 e legitimava graves violações de direitos numa época em que a restauração da democracia vinha sendo prometida pelo próprio general-presidente João Baptista Figueiredo, agora com data marcada: eleições aconteceriam em janeiro de 1985, no colégio eleitoral, aberta à inscrição de candidaturas civis.

Exemplos recentes do anacronismo da LSN tinham sido a cassação dos mandatos e a prisão do líder metalúrgico Luiz Inácio Lula da Silva e de outros doze sindicalistas da região do ABC Paulista, em abril de 1980, indiciados por organizar greve, o que era proibido pela referida lei. O processo movido pelo Estado contra eles se arrastou por dois anos. Condenado a três anos e meio de reclusão pela Justiça Militar de São Paulo, Lula teve a pena extinta em julgamento no Superior Tribunal Militar, em Brasília, que remeteu o processo para a justiça comum, na qual acabou prescrevendo.

Pelo menos quarenta outras pessoas, entre jornalistas, padres, posseiros, estudantes e políticos de oposição, foram presos com base na LSN entre 1980 e 1982 segundo levantamento da CJP. "A Lei de Segurança Nacional não é o único instrumento de atuação da política de Segurança Nacional, mas é, sem dúvida, o mais violento", escreveu o advogado Fábio Konder Comparato em um livreto sobre o assunto editado pela CJP em outubro de 1982. "Sua revogação – que vem sendo pedida, insistentemente, pelos setores mais lúcidos da sociedade civil – não extinguiria, certamente, a política de Segurança Nacional. Mas acarretaria notável enfraquecimento do aparelho oficial de repressão, abrindo, assim, caminho para uma mudança de regime político neste país".

Hélio Bicudo, em artigo publicado no mesmo livreto, dizia que a LSN não tinha outra finalidade a não ser blindar os militares. "Não basta que seja modificada a chamada Lei de Segurança Nacional, que se qualifica, na verdade e na prática, como Lei de Segurança do Estado militarista instaurado a partir de 1964 no Brasil", escreveu. "Num Estado realmente democrático, não se vê como a segurança da nação em tempo de paz esteja ligada à formulação de uma lei como esta. O Estado democrático, que representa a nação, encontra plena defesa nos dispositivos de sua legislação ordinária, aplicados pela Justiça Comum. Dispensa e prescinde de mecanismos especiais para punição daqueles que investem ou contra as instituições ou contra os que as representam".

Para que a Comissão pudesse incidir de forma efetiva nesse debate, publicar livros e artigos na imprensa não parecia suficiente. Essa presença nos jornais era muito importante, mas o momento exigia que as críticas ao regime de exceção chamassem ainda mais atenção. Era preciso cercar-se de personalidades reconhecidas nacionalmente, de líderes populares com carisma, artistas renomados, jornalistas com credibilidade e intelectuais com reconhecida envergadura para fazer mais barulho do que os membros da Comissão estavam acostumados a fazer.

— E se a gente criasse algo parecido com o Tribunal Bertrand Russell? – Marco Antônio propôs a Margarida.

O advogado Marco Antônio Rodrigues Barbosa atuara anos antes no caso Vladimir Herzog, obtendo na Justiça a responsabilização da União pela morte do jornalista, e também uma indenização para sua família, lançando por terra a tese oficial de suicídio. Agora, ele acabara de assumir a vice-presidência da CJP, em dezembro, na diretoria encabeçada por Margarida. No início de 1983, poucas semanas após o enterro de Garrincha e a visita de Adolfo Pérez Esquivel ao

Brasil, Marco Antônio sugeriu a ela a realização de um espetáculo em forma de tribunal, no qual a LSN seria julgada – e necessariamente condenada – diante da plateia e da imprensa.

A inspiração tinha sido a experiência semelhante organizada entre 1966 e 1967 pelo filósofo inglês Bertrand Russell. Com a prerrogativa de julgar os crimes de guerra cometidos pelos Estados Unidos no Vietnã, Russell concebera um evento no qual mais de vinte personalidades, líderes pacifistas reconhecidos internacionalmente, alguns deles ganhadores do Nobel da Paz, discorreram sobre as violações de direitos praticadas no Vietnã durante a campanha norte-americana naquele país. As sessões do tribunal foram presididas pelo também filósofo Jean-Paul Sartre. Simone de Beauvoir e Júlio Cortázar participaram dos trabalhos. Em meados dos anos 1970, uma segunda edição do Tribunal Bertrand Russell foi realizada em Roma, desta vez para julgar – e condenar – os crimes praticados pelas ditaduras militares na Argentina e no Brasil.

Inspirados no Tribunal Bertrand Russell, Margarida e Marco Antônio definiram as linhas gerais do Tribunal Tiradentes. Convidaram a teatróloga Joana Lopes para escrever o roteiro. Iacov Hillel ficaria com a direção cênica. Aspectos como iluminação e coro foram desenhados para garantir dramaticidade aos depoimentos. No palco, em vez de atores e atrizes, alternavam-se pessoas comuns envolvidas com o tema: juristas nas posições de promotor e advogado de defesa;

lideranças com histórico de luta contra a ditadura nos papéis de testemunhas; personalidades do mundo jurídico e intelectuais dedicados à defesa dos Direitos Humanos na condição de jurados.

Para presidir o tribunal, Margarida e Marco Antônio convidaram Teotônio Vilela, o ex-senador de Alagoas que trocara a Arena pelo MDB em 1979, transformando-se em opositor eloquente do regime. No final do ano anterior, Teotônio renunciara ao cargo no Senado por motivos de saúde: um câncer que o deixara visivelmente frágil e que lhe roubaria a vida poucos meses depois, em novembro de 1983, aos 66 anos.

O nome do tribunal foi dado pelo publicitário Carlito Maia, o mesmo que, anos antes, batizara o programa de televisão "Jovem Guarda", inspirado num discurso do Lênin, e, em 1982, criara o slogan "oPTei", impresso em bonés, camisetas e bandeiras do recém-criado Partido dos Trabalhadores. O cartunista Henfil, responsável pela identidade visual do Tribunal Tiradentes, incluindo os cartazes e as ilustrações para o livro que seria publicado em seguida, protestou:

— Muda esse nome. Tiradentes é nosso maior exemplo de derrota. Se é para homenagear alguém, escolhe ao menos quem não tenha sido enforcado!

O título foi mantido.

Quando Marco Antônio contou seus planos para Dom Paulo Evaristo Arns, o cardeal abraçou a ideia e alertou para a importância de conduzir o evento com seriedade. Nada poderia dar errado. E, se era para organizar um júri simulado, que fosse escolhido um espaço amplo, central, que gozasse de grande visibilidade e que fosse politicamente neutro, no sentido de inspirar credibilidade para além da bolha progressista, para além dos círculos formados pelos militantes de esquerda, que já tinham plena consciência dos abusos da Lei de Segurança Nacional. Era preciso falar para fora, ampliar o debate.

— Vamos fazer no Teatro Municipal — Marco Antonio respondeu, mais como um informe do que como uma sugestão, embora ainda não tivesse movido uma palha neste sentido.

— Você tem certeza de que ninguém vai empastelar o Municipal na hora H? —Dom Paulo respondeu, aventando a hipótese de uma eventual censura ao evento.

Marco Antônio garantiu que não havia razão para o cardeal se preocupar.

— Mas você obteve a autorização da Prefeitura? — quis saber.

— Sim!

Como não havia autorização nenhuma até aquele momento, não restou alternativa a Marco Antônio a não ser deixar a Cúria e correr imediatamente para o gabinete de Fábio Magalhães, então secretário municipal de Cultura.

Magalhães havia acabado de tomar posse, em 15 de março, como um dos secretários nomeados para o mandato-tampão do Prefeito Francisco Altino Lima.

O cenário na Prefeitura não poderia estar mais confuso. Franco Montoro, senador pelo PMDB, acabara de assumir o governo do Estado, após impor uma vergonhosa derrota nas urnas ao partido da ditadura. Decidira adiar por tempo indeterminado a nomeação do prefeito da capital, na esperança de que o Congresso Nacional aprovasse – e Figueiredo sancionasse – a emenda Mauro Benevides, que buscava restituir eleições diretas para as prefeituras. Eram tempos de mandatos biônicos. Cabia ao governador nomear os prefeitos de seu Estado. Montoro defendia a volta imediata das eleições diretas. Se o Congresso aprovasse a emenda Mauro Benevides e Figueiredo a sancionasse, ele trataria de convocar eleições para a Prefeitura de São Paulo. Em razão disso, foi empossado Altino Lima, então Presidente da Câmara Municipal. De acordo com a Constituição, em caso de vacância no Poder Executivo, o presidente do poder Legislativo é quem deve assumir.

À imprensa, Montoro declarou que aquele seria um mandato curto, de um ou dois meses. Mas Altino Lima, embora integrasse o mesmo PMDB de Montoro, dava mostras de que pretendia continuar por mais tempo no cargo, o que pouco depois redundaria em sua saída não apenas da Prefeitura, mas também do partido. Fato é que, em março de 1983, ainda estava tudo muito confuso na Prefeitura quando o secretário Fábio Magalhães recebeu Marco Antônio:

— Secretário, estou precisando da sua ajuda – explicou o vice-presidente da CJP. – Nós vamos fazer um tribunal do júri para julgar a Lei de Segurança

Nacional. O Teotônio vai presidir, o Lula vai ser uma das testemunhas... em resumo, vai ser um troço quente, o teatro vai lotar.

Marco Antônio parecia especialmente animado ao descrever o projeto.

— Parece ótimo. E como eu posso ajudar? – o secretário quis saber.

— Optamos por fazer no Municipal.

— Temos de verificar a disponibilidade de datas. Se puder ser num dia de semana, acredito que tudo bem.

— O cardeal perguntou se eu tinha sua autorização e eu respondi que sim.

— Você tem certeza de que não vai dar problema?

— Tenho.

— Então toca o barco.

— Creio que seja necessária uma autorização por escrito – o advogado insistiu.

— Você quer que conste no Diário Oficial?

— Quero!

Quarenta e oito horas depois, a autorização foi publicada.

O ano de 1983 começara muito agitado na CJP e na Cúria. Um de seus membros mais atuantes e conhecidos, o advogado José Carlos Dias foi nomeado secretário estadual de Justiça e assumiu no dia 16 de março. No dia 25, quatro mil pessoas estiveram na catedral de São Paulo para assistir à recepção dos restos mortais de Frei Tito, frade dominicano preso e torturado em 1969, exilado em 1970, e que, tendo se suicidado num mosteiro na França, em 1974 – desdobramento cruel dos efeitos devastadores das torturas em sua psiquê –, tinha seu corpo finalmente trasladado de volta ao Brasil. Na mesma ocasião, os restos mortais de outra vítima fatal da repressão, o estudante Alexandre Vannucchi Leme, torturado até a morte dez anos antes, foram finalmente entregues à família para que pudessem ser sepultados em Sorocaba, sua cidade natal. Nenhum desses episódios suscitaria tamanha repercussão quanto o Tribunal Tiradentes.

Na noite de 10 de maio, às 19 horas de uma terça-feira, cerca de três mil pessoas lotaram o Teatro Municipal para assistir ao júri simulado. Era a primeira vez que o local oferecia ingresso gratuito. O presidente do júri, Teotônio Vilela declarou aberta a sessão. "Como é belo ter o povo aqui", discursou, "e como é magnífico ter aqui a consciência popular para que ela nos ajude, para que ela nos anime, para que ela nos estimule, para que ela nos direcione com relação à restauração dos grandes valores da nossa Pátria".

Em seguida, sucederam-se no palco seis testemunhas. Cada uma narrou por dez minutos os sofrimentos que a Lei de Segurança Nacional havia lhes causado. O jornalista Hélio Fernandes, a estudante Clara Araújo, presidente da UNE, o sindicalista Luiz Inácio Lula da Silva, agora presidente do PT, o lavrador Daniel Rech, representando a Pastoral da Terra, e, fechando a etapa dos testemunhos, dois ex-presos políticos, ambos familiares de mortos e desaparecidos: Rosalina Santa Cruz, irmã do desaparecido Fernando Santa Cruz, e Ivan Seixas, filho de Joaquim Alencar de Seixas, torturado até a morte no DOI-Codi. Houve quem se manifestasse da plateia durante as falas. Alguns choraram.

Apresentaram-se, ainda, o advogado Luiz Eduardo Greenhalgh, a quem coube defender a LSN – uma defesa retórica, é bom que se diga, uma vez que ela em nada condizia com as convicções do defensor – e, em seguida, o também advogado Márcio Thomaz Bastos, na função de promotor, desfilando motivos para sua condenação. Os sete jurados também se manifestaram ao microfone: Dalmo Dallari, Gilmar Carneiro dos Santos, Antenor Ferrari, Gofredo da Silva Telles, Cândido Padim, Miguel Seabra Fagundes e Hélio Bicudo.

A noite avançava no centro de São Paulo quando o veredicto foi lido por Teotônio Vilela. "Diante dos pronunciamentos que todos vocês ouviram; das testemunhas, dos advogados de defesa e acusação e do conselho de jurados, não tinha por onde fugir: a Lei de Segurança Nacional está condenada", declarou. "É o próprio povo que agora se pronuncia, ratificando a sentença proferida. Como sinto diante de mim a tristeza daqueles que não tiveram a oportunidade de se defender. Que foram trucidados sob as piores formas de tortura, conforme todos ouviram aqui hoje". Por fim, envolveu a audiência numa lufada de esperança. "Não creio, portanto, que o que aqui se praticou nesta noite – que bela noite na História do Brasil! – não creio que o que aqui se praticou caia no vazio", Teotônio discursou. "Vamos revogar a Lei de Segurança Nacional!" Palmas na plateia, nos camarotes e nas galerias.

A condenação simbólica da LSN foi toda gravada e resultou no documentário média metragem *Em nome da segurança nacional*, de Renato Tapajós. Lançado em 1984, o filme intercala os testemunhos apresentados no palco do Municipal com imagens históricas do regime de exceção: tanques avançando pelas ruas do Rio no dia do golpe, a repressão ao movimento estudantil, a prisão dos sindicalistas do ABC e seu julgamento na Justiça Militar. Cenas ficcionais também foram gravadas de modo a simular episódios, como uma fuga ou uma prisão política. Numa das sequências mais dramáticas, a cantata *Carmina Burana*, de Carl Orff, é a trilha sonora de uma sessão de tortura. Alípio Freire, ex-preso político, jornalista e poeta, sempre generoso e comprometido com a denúncia da tortura, se dispôs a simular um interrogatório pendurado num pau-de-arara, com direito a choques e espancamentos, para a fita de Tapajós: um ato corajoso como muitos realizados por Alípio até sua morte, em 2021. Por meio daquele documentário, os crimes de lesa-humanidade cometidos pela ditadura sob um verniz de legalidade foram exibidos em diversos festivais de cinema no exterior. Venceu, entre outros, o prêmio de melhor filme no Festival Internacional do Documentário de Oberhausen, na Alemanha, e o de melhor documentário no Festival Internacional de Havana, em Cuba, ambos em 1985.

Durante todo o julgamento, Margarida não subiu ao palco do Municipal. Assistiu a ele da plateia, como Dom Paulo.

Havia menos de um ano na presidência da Comissão, Margarida enfrentava com as armas de que dispunha a timidez que lhe é característica. Aos poucos, foi percebendo que seria preciso transformar aquela batalha íntima contra a própria inibição numa guerra implacável. Os pedidos de entrevista se multiplicaram durante o Tribunal Tiradentes, assim como os convites para comparecer aos mais diversos espaços de resistência e manifestação.

Naquele mesmo ano, em setembro, Margarida foi com a socióloga Maria Victoria Benevides, agora membro da CJP, prestar solidariedade aos cerca de mil e quinhentos desempregados que haviam acampado em frente à Assembleia Legislativa, junto ao Parque Ibirapuera, em protesto contra o desemprego, a carestia, o arrocho salarial. Ouvindo os relatos dos acampados, Margarida se emocionou e abraçou um deles. Muitos quiseram abraçá-la em seguida. "Formou fila", afirma a amiga Maria Victoria. Margarida escutou, conversou, indagou sobre as necessidades mais prementes.

— Nós, da Comissão Justiça e Paz, gostaríamos de saber qual a melhor forma de ajudar — ofereceu.

Encantadas com a presença de uma senhora como Margarida, tão distinta e solidária, as mulheres acampadas pediram absorventes e outros produtos de higiene.

Semanas depois, na Praça Charles Muller, em frente ao estádio do Pacaembu, Margarida se viu numa situação inédita e angustiante: pediram que ela falasse algumas palavras. Em público. Ao microfone. Sobre um tablado. Para mil pessoas. O motivo do ato se dissolveu nas memórias de Margarida, mas não sua reação. "Eu tinha um vidrinho na bolsa, pequeno, daqueles de homeopatia, com uísque dentro. Tomei num gole só para ver se ganhava coragem". Antes de dar vazão às palavras, tratou ainda de colocar os óculos de leitura e desdobrar um papel com anotações prévias, uma forma de evitar a vertigem que Margarida costumava sentir quando encarava o público olho-no-olho.

Nos anos seguintes, Margarida chegou a fazer aulas de oratória com Reinaldo Polito em sua cruzada contra o acanhamento. "Continuei tímida, mas hoje sou uma tímida disfarçada", afirma.

Embora se esquivasse dos palanques e das tribunas, Margarida não parava quieta. Nunca parou. Tinha ideias, cobrava resultados, sistematizava informações, elaborava atas e relatórios, traduzia o que fosse possível para o inglês, o francês e o espanhol a fim de encaminhar para organizações de Direitos Humanos sediadas em outros países, e escrevia artigos para jornais e revistas, sobretudo para o semanário *O São Paulo*, da Arquidiocese, no qual seus textos eram publicados periodicamente. Principalmente, Margarida viajava.

Nos oito anos e meio em que presidiu a CJP, de 1982 a 1986 e de 1990 a 1994, mas também ao longo de todo o período em que atuou em cargos outros ou sem cargo nenhum, Margarida foi sempre a principal porta-voz da Comissão no exterior, sobretudo na Europa. E, numa situação inédita e ousada, tornou-se também a primeira mulher leiga em todo o mundo a representar oficialmente um cardeal.

12
As viagens

Ao chegar à sala da Comissão Justiça e Paz, na Cúria Metropolitana, Margarida encontrou a correspondência em cima de sua mesa, como era costume. Num dos envelopes, havia um convite em seu nome.

Datilografada em papel timbrado, a carta informava sobre um grande encontro internacional que aconteceria em Moscou dali a alguns meses, de 15 a 19 de janeiro de 1990. "O Fórum Global de Meio Ambiente e Desenvolvimento para a Sobrevivência (*Global Forum on Environment and Development for Survival*) será o primeiro grande evento internacional na União Soviética após as eleições de 1989", dizia a carta-convite. Em março de 1989, houvera eleições diretas para o Poder Legislativo em todo o país, as mais amplas desde a formação da URSS. "Cerca de trezentos parlamentares eleitos, líderes espirituais, cientistas, jornalistas, artistas e líderes de trabalhadores passarão uma semana inteira com trezentas contrapartes estrangeiras, participando de uma série de workshops e fóruns sobre crise ambiental e questões relacionadas ao desenvolvimento", detalhava. Logo adiante, a carta explicitava o interesse em reunir políticos e representantes das diferentes religiões num mesmo congresso: "O conceito por trás do Fórum Global é que o entendimento mútuo obtido por meio do diálogo pode dar aos líderes espirituais e aos parlamentares a oportunidade não apenas de influenciar uns aos outros, mas de estender sua influência para mudanças pacíficas às comunidades a que servem em todo o mundo".

Margarida subiu até a sala de Dom Paulo para mostrar a carta.

— Eu também recebi. Pena que não tenho disponibilidade na data.

— Fiquei com vontade de ir e representar a Comissão – Margarida comentou.

— Acho ótimo. Vá e representa a mim também.

Desde o começo do ano, o mundo estava com os olhos voltados para a União Soviética. Os resultados das eleições de março haviam indicado de forma muito clara as rupturas que se avizinhavam. O número de oposicionistas eleitos superou as previsões. Entre os muitos deputados empossados estava o liberal Bóris Iéltsin. Adversário político do presidente Mikhail Gorbachev, Iéltsin havia sido expulso do comitê central do Partido Comunista por divergir publicamente do governo e tornara-se o principal nome da oposição ao cobrar maior celeridade nas reformas. Ao longo de 1989, ele amealharia apoio suficiente da opinião pública para ser escolhido chefe do Soviete Supremo da Rússia em 1990, presidindo o país, já independente, a partir de 1991.

Vivia-se, em 1989, o colapso do velho bloco comunista, após quarenta anos de Guerra Fria. A desintegração da União Soviética era iminente. A queda do muro de Berlim, em novembro, configuraria o marco simbólico do fim de uma Era. Analistas políticos cobravam de Gorbachev a transição para o capitalismo. Diziam ser inevitável. Ele, Gorbachev, esforçava-se para viabilizar um capitalismo que se pretendia menos selvagem e menos desigual do que o postulado pelo neoliberalismo ocidental, em franca expansão naquele finzinho de década. O Consenso de Washington, como ficou conhecido o decálogo do capitalismo de mercado, por exemplo, foi elaborado em novembro de 1989, dias após a queda do muro de Berlim, e prontamente assimilado pelo Banco Mundial.

Margarida confirmou a viagem, curiosa por conferir o estado das coisas em Moscou. Não seria sua primeira vez na cidade. Naquele mesmo ano de 1989, Margarida viajara a Moscou para participar de um fórum promovido pelo Comitê Soviético pela Paz por indicação de Dom Luciano Mendes de Almeida, então presidente da CNBB. Agora, tratava-se de um encontro muito maior e com maior repercussão.

Já em solo moscovita, Margarida assistia a uma intensa jornada de exposições. "Era um salão enorme, diversas palestras", ela lembra. No intervalo, saíram todos para o corredor, onde era servido o *coffee break*. "Era o momento de conhecer as outras pessoas, nos apresentar". Margarida logo se viu numa rodinha de delegados e delegadas de diferentes organizações, de diversos países, todos com sua xícara nas mãos. Um rapaz se apresentou dizendo que vinha dos Estados Unidos. Outra mencionou a organização que representava, no Canadá. Havia uma pessoa da França, outra da Itália.

— Vim do Brasil e estou representando Dom Paulo Evaristo Arns, o cardeal de São Paulo.

Foi um espanto. "O pessoal ficou de queixo caído, sabe?", Margarida comenta. "Me perguntaram se eu era freira, irmã, se eu pertencia a alguma ordem religiosa".

— Uma mulher representando um cardeal? Nunca vi isso – disseram.

Margarida achou engraçada aquela reação. Pareceu-lhe exagerada. Dom Paulo, de fato, havia sugerido que ela o representasse, como que para mostrar que havia recebido o convite e gostaria de estar presente. "Nem tinha me dado conta de que era algo tão raro, a ponto de provocar aquela reação", ela conta.

Não era a primeira vez que Margarida representava o cardeal de São Paulo num encontro internacional. Pouco antes, em abril de 1988, estivera em Oxford, na Inglaterra, para assistir, também em nome de Dom Paulo, à Conferência Global de Líderes Religiosos e Parlamentares para a Sobrevivência Humana (*Global Conference of Spiritual and Parliamentary Leaders on Human Survival*). Foi uma das experiências mais extraordinárias da vida de Margarida. De repente, ela se viu posando para a fotografia oficial do encontro ao lado dos principais líderes religiosos do mundo, como a Madre Tereza de Calcutá e o 14º Dalai Lama, o tibetano Tenzin Gyatso, e de uma porção de ativistas e pensadores, entre os quais o astrônomo Carl Sagan, o mais famoso divulgador científico do século XX, e o escritor judeu Elie Wiesel, sobrevivente dos campos de concentração e vencedor do Nobel da Paz de 1986. Também estiveram na conferência em Oxford a ativista queniana Wangari Maathai, que fundara o Movimento Cinturão Verde e, em 2004, se tornaria a primeira mulher africana a receber o Nobel da Paz, e o cientista inglês James Lovelock, formulador da Teoria de Gaia, segundo a qual biosfera, atmosfera, hidrosfera e litosfera estão intimamente integradas, de modo que abalos numa dessas estruturas podem afetar todo o planeta – caso, por exemplo, dos efeitos da emissão de gases poluentes sobre o aquecimento global. "Não tive qualquer participação naquela conferência, mas só o fato de estar ali já foi um enriquecimento enorme", diz.

Em outubro de 1992, Margarida voltaria à Inglaterra para participar, em Londres, de um fórum mundial sobre combate à escravidão moderna e representar Dom Paulo na cerimônia de entrega do Anti-Slavery Award, prêmio conferido pela ONG Anti-Slavery International ao Padre Ricardo Rezende.

Padre Ricardo, que anos mais tarde passaria a lecionar no curso de Serviço Social e no Programa de Pós-Graduação em Políticas Públicas em Direitos Humanos da Universidade Federal do Rio de Janeiro (UFRJ), via desde 1977 em Conceição do Araguaia, no Sudeste do Pará, epicentro dos conflitos fundiários na fronteira agrícola da Amazônia nos anos 1980. Mudara-se para lá aos 24 anos, ainda leigo e recém-formado em Filosofia e Ciências da Religião. Desde então, fora ordenado em 1980 e dedicara a última década ao trabalho na Pastoral da Terra e a denunciar a violência dos latifundiários contra os posseiros e os trabalhadores rurais. Em vinte anos, contaria duzentos lavradores assassinados na região, metade tentando fugir da escravidão por dívida, a forma encontrada pela casa-grande para restituir a senzala um século após a abolição da escravatura no Brasil. O trabalho de Padre Ricardo, um desses heróis quase anônimos tão fundamentais na defesa dos Direitos Humanos, ganhava reconhecimento mundial com o prêmio em Londres, e Margarida, agora em seu terceiro mandato como presidente da Comissão, estava lá para prestigiá-lo.

Margarida fez dezenas de viagens representando o cardeal de São Paulo e outras tantas em nome da CJP. Não seria exagero dizer que ela logo se tornou a embaixadora oficial da Comissão. "Eu era mais disponível", ela explica. "Os outros membros em geral tinham seus afazeres nos escritórios de advocacia de que eram sócios ou em outros empregos, como era o caso dos jornalistas e professores que integraram a CJP. Eu, não. Minha única ocupação era a Comissão, então eu tinha maior disponibilidade para viajar".

Sem desmerecer a justificativa de Margarida, é preciso anotar que essa não era a única razão, e nem a principal, para que ela se tornasse a principal porta-voz da CJP nas missões internacionais ao longo das décadas de 1980 e 1990. Havia a facilidade com os idiomas – Margarida fala francês, inglês e espanhol – e, principalmente, a desenvoltura em pedir apoio. Desde as primeiras viagens, ela adquirira o hábito de passar o chapéu nos países que visitava, de modo que sua indicação como delegada se mostrou triplamente vantajosa. Ela não apenas representava a CJP como viajava às próprias expensas – como se dizia no século passado – e visitava diversas entidades ligadas à Igreja e à defesa dos Direitos Humanos a fim de apresentar os projetos da CJP e buscar patrocínio. Invariavelmente, era bem sucedida, principalmente na França. "Como meu marido era francês, a gente adquiriu o hábito de ir com frequência para a Europa", ela conta. "E, para ser sincera, eu tinha certa afinidade, conhecia a cultura, sabia a forma de pensar, sabe? Isso faz diferença quando a gente se relaciona com os franceses. Eles falavam comigo de igual para igual, sem certo ar de superioridade, muito comum nos franceses. Acho que isso facilitou".

Margarida faz questão de anotar que suas viagens aconteciam sempre por conta própria. "Quando havia algum evento e os organizadores mandavam passagem, eu usava o bilhete, mas nunca peguei verba da Comissão para viajar", diz. "Aliás, nenhum dos membros deu despesa para a Comissão. Ao contrário, nós colocávamos dinheiro do nosso bolso. Todos os membros eram voluntários e todos os processos defendidos pelos advogados da CJP foram sempre em esquema pró-bono, sem cobrança de honorários".

Uma vez, em 1977, quando ocupava o cargo de secretária, Margarida chegou a Paris com um abacaxi para descascar: o Brasil vivia um problema muito sério em relação aos refugiados, sobretudo após o golpe militar deflagrado um ano antes na Argentina, derrubando Isabelita Perón e colocando no governo o general Rafael Videla. Os membros da CJP se viram incumbidos de montar um projeto que lhes permitisse oferecer suporte para os exilados que chegavam. No entanto, faltavam recursos. Margarida foi até o escritório da Acnur, o Alto Comissariado das Nações Unidas para os Refugiados, munida de uma carta de apresentação assinada por Dom Paulo. A funcionária que a atendeu se solidarizou.

— Vocês, no Brasil, têm problemas seríssimos e ainda querem cuidar dos problemas dos outros?

Conversa vai, conversa vem, Margarida foi orientada a mandar uma carta de próprio punho para o presidente da Acnur. E quem era ele? O príncipe do Irã, Aga Khan. "Virgem, e como eu escrevo para um príncipe?", Margarida se preocupou. Por certo não deveria começar a carta com "querido Príncipe" nem com "prezado Aga Khan". Mas qual seria o jeito certo? Correu para pedir ajuda ao Padre Charles Antoine, um padre francês que havia vivido no Brasil, autor de livros sobre o país e a América Latina, e escreveu a carta lá mesmo, ao lado dele. "Imagina, escrever a um príncipe de verdade...".

Como era de se esperar, funcionou: a Acnur enviou um representante para conferir a extensão do problema dos refugiados no Brasil e reportar à sede, em Paris. Dom Paulo ofereceu uma sala na Cúria e, algum tempo depois, chegaram os recursos. "Foi um alívio, porque vinham famílias, pais, mães, crianças, sem dinheiro, sem ter onde ficar".

Ao longo dos anos, as parcerias foram se multiplicando. Mirando o retrovisor, fica fácil afirmar que muito pouco a Comissão teria feito sem os recursos que Margarida buscava na Europa. É fato que a defesa dos presos políticos e a denúncia sistemática da violência de Estado nos primeiros anos da Comissão – a fase das catacumbas – pouco dependiam dos francos, das libras e dos marcos amealhados nessas viagens. Mas a realização das pesquisas inauguradas com o Cebrap, em 1975, bem como a ampla divulgação das bandeiras de luta pelos Direitos Humanos por meio da produção de livros, filmes e tribunais, tudo isso requeria apoios institucionais mais ou menos robustos, conforme o projeto e a ocasião.

Uma das fontes de recursos que mais contribuíram para as atividades da CJP foi o *Comité Catholique contre la Faim et pour le Développement* (Comitê Católico contra a Fome e pelo Desenvolvimento), também francês. O CCFD fora criado nos anos 1950, quando o pernambucano Josué de Castro presidiu o conselho executivo da FAO, a Organização para a Alimentação e a Agricultura da ONU, e contou com a colaboração da esquerda cristã francesa, sobretudo por influência do Padre Lebret e sua economia humanista. Margarida jamais deixava de visitar o escritório da CCFD quando ia a Paris. Havia um setor responsável especificamente pelos programas de cooperação com a América Latina. Eram muitos os convênios, com muitos países, coisa de duas ou três dezenas simultaneamente. E cada contrato de cooperação exigia relatórios e prestações de contas específicas. Margarida ficou amiga de todas as diretoras para a América Latina, primeiro a Henryanne de Chaponay, em seguida a Jackie Fabre. Em 1990, coube a uma brasileira, Marilza de Melo Foucher, assumir a função. "Lembro-me dela chegando no CCFD para conhecer a nova responsável", conta Marilza. "Ela era uma negociadora ímpar. Chegava de mansinho, com seu projeto debaixo do braço, com aquele sorriso e a vozinha mansa, começava a falar da situação dos Direitos Humanos no Brasil. E insistia que a redemocratização não significava a superação dos problemas. Ela tinha razão."

No livro *Fé na luta*, em que conta a história da CJP, Maria Victoria de Mesquita Benevides lista outras organizações internacionais visitadas por Margarida nos anos 1980, quase sempre convertidas em algum apoio ou colaboração: Fundação Adenauer, Fundação Friedrich Naumann, Anistia Internacional, Misereor e a fundação protestante *Brot für die Welt* (Pão para o Mundo), na Alemanha; Conselho Mundial de Igrejas e Comitê de Solidariedade com o Povo Brasileiro, na

Suíça; *Centre Catholique de Cinemathèque et Audiovisuel*, na Bélgica; *Netherlands Organization for Development Cooperation* (Novib), na Holanda, entre outras.

Na Cúria, em São Paulo, administrar as finanças era responsabilidade de Ivani Piccablotto. Ela e a secretária Ivy Nogueira Nico – aquela que anunciou a visita de um policial para interrogar Margarida no capítulo anterior – foram, durante a maior parte do tempo em que Margarida frequentou a Comissão, as únicas funcionárias da CJP: exerciam trabalho remunerado com dedicação exclusiva. Datilografavam, acompanhavam os atendimentos com as pessoas que procuravam a Comissão, organizavam pastas e arquivos, transcreviam fitas, tocavam a administração. Ivani fazia os projetos caberem no orçamento, cada qual com seus recursos e sua instituição financiadora. E haja relatório financeiro.

As viagens de Margarida não se restringiam à Europa. Também na América Latina, ela se fez presente muitas vezes, e em diversos locais. Nestes casos, nunca para buscar recursos, mas para prestar solidariedade, trocar experiências e debater temas urgentes na construção do futuro e na promoção da dignidade humana. Uma de suas primeiras viagens como presidente da CJP, aliás, foi para a Nicarágua, no início de 1984, pouco anos após a revolução sandinista, que, em 1979, pôs fim a 45 anos de ditadura da família Somoza (no poder desde 1934).

Margarida viajou com Márcia Jaime, uma das diretoras da Comissão, e foi recebida com entusiasmo por padres alinhados à Teologia da Libertação que haviam colaborado com as forças revolucionárias e apoiado a ascensão de um governo popular de esquerda, então personificado em Daniel Ortega. Um desses padres era o também poeta Ernesto Cardenal. Outro era Miguel d'Escoto. Unidos na Frente Sandinista de Libertação Nacional, ambos foram nomeados ministros de Estado pelo novo presidente: Cardenal foi ministro da Cultura de 1979 a 1987 e D'Escoto, ministro das Relações Exteriores até 1990.

Ao longo de uma semana, Margarida pôde conhecer a realidade dos nicaraguenses, se aprofundou nas mudanças propostas por Ortega e chegou a subir ao altar e falar ao microfone durante uma missa na Catedral de Manágua, como convidada de honra. "Foi muito emocionante aquela missa", ela diz. "Algumas pessoas entraram em procissão, o pai e a mãe de um rapaz que tinha sido trucidado na guerrilha traziam uma almofada com as botas do filho em cima. Colocaram as botas sujas de terra no altar. Foi bonito, sabe?"

A experiência rendeu uma série de artigos publicada no jornal *O São Paulo* e assinada pela dupla. "Na nossa estadia em Manágua, tivemos vários contatos com comandantes, padres, sociólogos, militares etc. Cada um deles nos deu sua visão pessoal dos problemas nicaraguenses e latino-americanos", escreveram num dos artigos. "Nestes contatos, além do enfoque pessoal, sentimos uma grande preocupação com o povo. (...) Todos aqueles que entrevistamos insistiram no fato de que as dificuldades essenciais da Nicarágua se devem às injunções internacionais que oprimem a todos nós, latino-americanos, e só nos libertaremos na medida em que nos unirmos".

No final de 1983, Margarida havia participado de manifestações em São Paulo em repúdio à ameaça constante de invasão da Nicarágua por tropas norte-americanas. Em uma foto, guardada num dos muitos álbuns preservados em sua casa, Margarida está de pé diante do Museu de Arte de São Paulo, o Masp, e segura um cartaz que ela mesma fizera, com um desenho do mapa da Nicarágua cercado por navios de guerra e os dizeres: "Não à invasão". A ameaça era permanente. Os Estados Unidos apoiavam o movimento dos "Contra", como eram chamados os autointitulados contrarrevolucionários, dispostos a resistir ao exército sandinista, agora no poder. Em tempos de Guerra Fria, havia inclusive o temor de que o Brasil enviasse soldados para engrossar as tropas dos Estados Unidos. Em outubro de 1983, quando a invasão parecia iminente, a CJP lançou a Campanha Pró-Nicarágua. Além do cartaz empunhado por Margarida, foram impressos três mil postais com a mesma imagem do mapa cercado pelos inimigos.

Margarida também esteve no Haiti, no turbulento ano de 1987, às vésperas de eleições presidenciais que acabaram adiadas após uma série de atentados. O país vivia, então, uma sucessão de governos provisórios, desde a deposição do ditador Baby Doc (Jean Claude Duvalier, que assumira o poder aos 19 anos, após a morte do pai, o também ditador François Duvalier, o Papa Doc), em 1986, até a posse do padre Jean-Bertrand Aristide, da Teologia da Libertação, em 1991. Foram quase cinco anos com as instituições em frangalhos e uma significativa convulsão social, que deixaria marcas profundas numa população muito pobre, sedenta por uma democracia que teimava em não vir.

A juventude de Aristide foi uma das primeiras coisas que chamou atenção de Margarida. Aos trinta e poucos anos, ele era um sacerdote jovem e idealista, muito ativo junto aos excluídos. Assumiria a presidência em 1991, com apenas 37 anos, e seu governo seria um desastre. Deposto em poucos meses por um golpe militar, Aristide foi sucedido por um novo período de ditadura, retornando ao poder em 1994, sem jamais interromper o círculo vicioso de violência e miséria que, dez anos depois, daria espaço para uma intervenção internacional liderada pela ONU.

Em sua rápida passagem pelo Haiti, Margarida viveu uma situação inusitada. Desta vez, ela havia viajado sozinha para encontrar alguns religiosos e seguir de lá para Paris. Do hotel, telefonou para seus contatos e marcaram o encontro para o dia seguinte. Sem ter nada para fazer, Margarida resolveu dar uma volta. Assim que ela pisou fora do hotel, um funcionário correu atrás dela.

— Você não pode andar por aí sozinha. Está muito perigoso. Volte imediatamente para o hotel.

Margarida levou um susto. De vez em quando, ouvia sons que pareciam tiros. Decidiu telefonar para a embaixada. Ao menos, as autoridades saberiam que ela estava lá e, se acontecesse alguma coisa, teriam quem avisar. De qualquer modo, era melhor pedir para falar com o embaixador, fosse ele quem fosse. Nunca se sabe. Deixou seu nome e a audiência foi marcada para o dia seguinte, no mesmo horário. "Puxa, vinte e quatro horas? E o que eu faço enquanto isso?", pensou. Por sorte, na manhã seguinte telefonaram.

— Sra. Genevois, o sr. embaixador a convida para almoçar com ele e com a sra. embaixatriz. O carro da embaixada irá buscá-la.

"Muito simpáticos, eles me receberam e ficamos muito tempo conversando", ela conta. O embaixador se chamava Aloysio Gomide. Margarida não associou, mas, muitos anos antes, em 1970, ele passara seis meses sequestrado pelo Movimento de Libertação Nacional Tupamaros, grupo revolucionário uruguaio, em Montevidéu. Os sequestradores exigiam o pagamento de 1 milhão de dólares e a libertação de 150 presos políticos. O governo do Uruguai se recursou a negociar e, após quase seis meses de buscas, o cativeiro não foi localizado. O grupo, do qual fez parte o futuro presidente uruguaio José Mujica, desistiu de exigir a libertação dos presos e se concentrou no valor cobrado. Gomide, considerado uma espécie de preposto da ditadura brasileira naquele país, foi solto apenas em fevereiro de 1971, mediante o pagamento de 250 mil dólares, obtidos após sua esposa, Maria Aparecida, liderar uma grande campanha de contribuições, que foi divulgada, entre outros, nos programas de TV do Chacrinha e do Flávio Cavalcanti, muito populares naquele ano. Em determinado momento da conversa, o embaixador lhe perguntou:

— E como vai Dom Paulo?

Como ela não tivesse dito nada sobre o cardeal ou sobre a Comissão Justiça e Paz até aquele momento, Margarida entendeu que a embaixada, em posse de seu nome, havia buscado informações sobre ela. "Quem é essa maluca que está aqui sozinha, eles devem ter pensado. Devem ter telegrafado ao Brasil ou telefonado para São Paulo para descobrir quem eu era. E eu me senti mais segura. Pelo menos agora o embaixador sabia onde eu estava. No Natal daquele ano, me mandou um cartão. Muito gentil."

Nem sempre os caminhos se abriam para Margarida como naquela viagem ao Haiti. Em janeiro de 1986, fora ao Chile com uma delegação de ativistas brasileiros que, juntos, pediam esclarecimentos sobra a situação dos presos políticos que ainda existiam por lá. Só naquele ano, cerca de 150 militantes seriam presos, torturados ou assassinados no Chile. A CJP foi representada por Margarida, Márcia Jaime e Belisário dos Santos Jr. Viajaram também os amigos Fermino Fechio, pelo Clamor, e a dupla Agostinho Veit e Jair Krischke, do Movimento Justiça e Direitos Humanos de Porto Alegre. Entre outras atividades, o grupo foi levar flores ao Estádio Nacional, para homenagear as cerca de quatrocentas pessoas que foram executadas pela ditadura chilena naquele campo de futebol. Queriam ir até o gramado, mas foram impedidos de entrar pela equipe de segurança e acabaram deixando as flores ali mesmo, do lado de fora, junto ao portão.

Margarida foi para Cuba mais de uma vez. Duas delas em 1985. Em junho, esteve em Havana por três dias como uma das delegadas do Brasil no *Encuentro sobre la Situacion de la Mujer en America Latina y el Caribe Hoy*. Nessa ocasião, teve a chance de tietar Fidel Castro, trocar algumas palavras com ele e tirar fotografia a seu lado. Voltou em agosto, para o Encuentro sobre la Deuda Exterior de América Latina y el Caribe, uma grande conferência sobre a dívida externa promovida pelo governo de Cuba. Representantes de diversos países subdesenvolvidos ou em desenvolvimento expuseram os efeitos que seus respectivos endividamentos provocavam em cada um dos países, sobretudo o desemprego e a miséria. Um dos oradores, ela se lembra, foi Luiz Inácio Lula da Silva, presidente do Partido dos Trabalhadores. Fidel Castro encerraria o encontro sugerindo moratória da dívida pelos países do terceiro mundo. Na plateia, encontraram-se intelectuais muito conhecidos no Brasil, como a professora de filósofa Marilena Chaui, o jurista Hélio Bicudo e o cientista político Francisco Weffort.

Ainda naquela década, em julho de 1989 – duas semanas depois de marchar até o consulado da China em protesto contra o massacre dos estudantes na Praça da Paz Celestial –, Margarida foi pivô de um episódio que fez estremecerem as relações sempre cordiais entre Fidel Castro e Dom Paulo. A CJP estava mergulhada numa campanha contra a pena de morte, uma ameaça que vinha sendo defendida de forma cada vez mais vigorosa por parlamentares de direita, quando foi divulgado na imprensa que quatro cidadãos cubanos tinham sido condenados à pena capital, por traição. Margarida estava em missão numa comunidade eclesial de base da Baixada Fluminense quando ouviu a notícia. Ela sabia que aquilo seria usado como arma pelos defensores da adoção da pena de morte no Brasil. "Tá vendo, vocês vivem defendendo Fidel Castro, lá tem pena de morte", diriam. Principalmente Dom Paulo, acusado de ser conivente com a ditadura castrista, não poderia silenciar naquele momento.

O entendimento dos membros da Comissão era de que a pena de morte esbarrava numa série de postulados da Justiça, e também em seus paradoxos. Trata-se de uma pena que não interpõe ao condenado as finalidades de reeducação e reinserção na sociedade. Uma pena que não admite o erro judiciário, necessariamente passível de reparação a qualquer tempo, com o emprego de instrumentos como o habeas corpus e a revisão de pena: "Como conciliar tais garantias com a pena de morte?", indagou o advogado Belisário dos Santos Jr., futuro secretário estadual de Justiça, em edição da série Princípios de Justiça e Paz dedicado ao tema. Trata-se, ainda, de uma pena seletiva, usada prioritariamente como instrumento de repressão e contra grupos étnicos, sociais ou religiosos específicos, sempre os grupos marginais, as "minorias", o lado mais fraco da corda. E, conforme as estatísticas, uma lei que não se mostrou eficiente, no sentido de não ter logrado reduzir a criminalidade nos lugares e nas épocas em que foi aplicada.

— A gente precisa se manifestar — Margarida comentou com seu vice, Marco Antônio Rodrigues Barbosa, que estava com ela na ocasião. — E Dom Paulo também.

Havia um problema: o cardeal estava de férias, e ninguém se sentia à vontade para importuná-lo. Margarida resolveu a questão à sua maneira:

— Vamos escrever uma nota e distribuir aos jornais. E ela será assinada por nós e por Dom Paulo também.

A nota de repúdio em nome da CJP e de Dom Paulo chegou a Fidel Castro no dia seguinte. O comandante assimilou a crítica. Afirmou que não esperava outra coisa da Igreja Católica. Dom Paulo, por sua vez, soube de tudo assim que voltou à Cúria. Margarida foi até sua sala para se justificar.

— Dom Paulo, o senhor me desculpe a ousadia, mas achei que seria importante o senhor se manifestar.

— Fez muito bem — o cardeal respondeu. — Sempre que você quiser falar em meu nome, você pode fazer. Só me avise depois, para ninguém me pegar de surpresa sem que eu esteja por dentro do assunto.

Margarida havia estado em Cuba pela última vez em 1988, novamente para uma conferência de mulheres, o *III Encuentro Del Frente Continental de Mujeres*, com o tema *Las mujeres y los años 80 em América Latina y el Caribe: perspectivas y desafios*.

Questões relacionadas à mulher, das liberdades individuais à equidade de gênero, foram temas recorrentes na atuação de Margarida ao longo de todos esses anos – desde a atenção à saúde neonatal e à puericultura no clube de mulheres da Fazenda São Francisco da Rhodia. Foi essa dedicação que a levou a Nairóbi, no Quênia, para participar do Congresso Mundial sobre a Mulher, promovido pela ONU, em 1985. E também a Beijing, na China, para o IV Congresso das Mulheres da ONU, em 1995.

Por mais de dez anos, Margarida integrou o Conselho Nacional dos Direitos da Mulher, vinculado ao Ministério da Justiça. Fez parte de sua primeira formação, em 1985, instituído no governo Sarney com a finalidade de "promover políticas que visassem a eliminar a discriminação contra a mulher e assegurar sua participação nas atividades políticas, econômicas e culturais do país", conforme descritivo publicado no site do Conselho. Anos depois, voltou a integrar o conselho, a partir de 1995, durante os dois mandatos de Fernando Henrique Cardoso na Presidência. Nessa época, conviveu com a socióloga e primeira-dama Ruth Cardoso, com a escritora e jornalista Rosiska Darcy de Oliveira, a ativista Maria

Helena Gregori, a escritora Nélida Piñon, a socióloga Eva Blay, entre outras. Tinha uma carteirinha oficial do Ministério da Justiça, como Conselheira da Mulher – com foto e tudo –, e chegou a se reunir com elas no Palácio da Alvorada.

De todas as viagens que fez, nenhuma levou Margarida mais longe do que a visita ao Japão, entre abril e maio de 1994, para prestigiar a entrega a Dom Paulo do Prêmio Niwano da Paz, uma espécie de Nobel da Paz dedicado a lideranças de diferentes religiões e países. Quando foi noticiado o nome do homenageado na edição daquele ano, houve festa na Cúria. Os membros da CJP manifestaram seu desejo de cruzar o planeta para conferir a cerimônia de perto. Pouco a pouco, no entanto, incompatibilidades de agenda e, principalmente, o tempo e o dinheiro consumidos numa viagem como aquela acabaram por inviabilizar a presença dos outros. Margarida cogitou desistir também.

— O que eu vou fazer sozinha no Japão? — desabafou a Dom Paulo, um mês antes da partida.

— Dá-se um jeito — ele comentou. — Coragem!

No mesmo dia, Dom Paulo telefonou para Dom Ivo Lorscheiter, bispo de Santa Maria, no Rio Grande do Sul, e ex-presidente da CNBB. Ele sabia que Dom Ivo tinha um irmão, o padre jesuíta Vendelino Lorscheiter, que era missionário no Japão. Padre Vendelino arrumou um convento onde Margarida poderia se hospedar. "Por sorte as freiras falavam francês", Margarida lembra. "E tinha uma freira portuguesa que acabou virando minha ama-seca, andando comigo para cima e para baixo." Num caderno com espiral, Margarida registrou praticamente tudo o que viu e aprendeu naquela viagem. Também adicionou fotografias e recortes de revista, onde se viam figurinos, objetos, porcelana pintada a mão, máscaras de seres mitológicos, mapas do metrô e paisagens. A freira portuguesa a acompanhou em todo o roteiro. Nunca uma freira de Tóquio havia agitado tanto. Margarida quis fazer todos os passeios turísticos que viu no catálogo e levou a portuguesa a tiracolo para todos eles. Inclusive para um cabaré, onde a clientela ouvia música, cantava como num karaokê e entretinha-se com a apresentação de dançarinas seminuas.

— Se a madre superiora me visse aqui... – a freira não acreditava.

13
Educação em Direitos Humanos

É DIA DE ATIVIDADE ESPECIAL NA ESCOLA. Um grande lanche é organizado para receber os alunos e acompanhar a aula, uma espécie de aula magna, com um tema divulgado previamente. Na sala de aula, em vez de carteiras convencionais, quatro ou cinco mesas coletivas, para seis ou oito pessoas, conforme o tamanho da turma. Nada que seja complicado demais de organizar. Juntam-se as mesas individuais umas às outras e pronto.

Ao entrar na sala, os alunos são convidados a se sentar. Eles são novos, têm entre 12 e 14 anos. Poderiam ter muito mais, se a mesma atividade fosse adaptada para grupos do Ensino Médio ou da Educação de Jovens e Adultos. Cruzando a porta de entrada, dão de cara com as mesas coletivas, arrumadas apenas com toalhas, pratos, talheres e copos. A comida será servida em seguida, eles intuem. Um detalhe: numa das mesas faltam os copos, embora ninguém tenha dado muita atenção a isso.

Moças e rapazes conversam animadamente enquanto se acomodam. Quando todos estão devidamente sentados, o professor (ou palestrante convidado) inicia sua explanação de modo a capturar a atenção da classe. Enquanto ele fala, as mesas são servidas por um grupo de monitores. Ágeis, entrando e saindo como garçons no trajeto entre a cozinha e o salão, eles buscam os quitutes na sala ao lado e os distribuem pelas mesas. Uma delas recebe grande variedade de alimentos: uma cesta com pães e biscoitos; potinhos com manteiga e geleia; queijos e frios; maçãs e bananas; um jarro com suco de laranja; um bolo. A mesa sem copos recebe a jarra de suco assim mesmo, bem como os demais produtos, com exceção do bolo e das frutas. Numa terceira mesa é colocada apenas a cesta de pães. É imprescindível que a última permaneça somente com os pratos e talheres. Nada mais.

O professor explica que os alunos não precisam esperar, que eles podem ficar à vontade e começar a comer. O burburinho começa.

— Professor, e a nossa mesa?

Ele faz cara de desentendido.

— Ué, não trouxeram ainda?

Os adolescentes o olham atônitos.

— Estamos sem copo!

— Aqui só chegaram os pães.

— Ninguém trouxe nada para a gente até agora!

Um dos monitores, ora promovido a gerente daquele restaurante improvisado, deixa a sala e retorna em seguida. Por meio de gestos, para não atrapalhar

a conferência, faz sinal para que os jovens fiquem calmos e aguardem: o lanche já está vindo.
A aula segue. Passam-se dez, quinze minutos. Nenhuma comida chega.
O mundo desaba sobre a sala. O espanto é geral.
— Que absurdo.
— Isso não é justo!
— Só pode ser sacanagem.
Alguns arriscam levantar-se de seus lugares para se servir nas mesas vizinhas.
— Fiquem sentados em seus lugares – o professor repreende.
Um ou outro abonado, constrangido com a fartura de alimentos em sua mesa, tenta inaugurar o tráfico de iguarias, solidário. É igualmente repreendido.
Quando um motim está prestes a se armar, o professor aproveita a deixa:
— Que zum-zum é esse? Vocês podem me dizer o que está acontecendo?
Começa a fase de deixar meninos e meninas falarem.
— Por que só eles podem comer?
— Estão enrolando a gente!
— Disseram que iam trazer e não trouxeram nada até agora.
— Isso aqui é uma palhaçada.
Finalmente, cabe ao conferencista a tarefa de problematizar. Dá-se início a segunda etapa da aula especial.

— Não é assim na sociedade? Uns com tanto, outros tantos com algum, mas a maioria sem nenhum, como cantou Paulinho da Viola?

Algum pré-adolescente insiste que foi uma divisão aleatória, que se trata de uma brincadeira de mau gosto e que ninguém fez nada para merecer mais, e os outros, menos.

— E a vida não é também uma loteria? Alguém aqui escolheu o país, a família ou a casa em que iria nascer? E se eu disser que todo esse lanche é meu, fui eu quem trouxe, e que eu tenho o direito de escolher quem pode comer e quem não pode? E se eu decidir que os brancos podem comer, mas os negros, não? E se eu disser que os meninos terão direito a duas vezes mais comida do que as meninas? Ou que o bolo é exclusivo para eles?

Comparações jorram em cântaros:

— No mundo real, quem decidiu quais casas terão a mesa farta e em quais faltará comida? Lá fora, o que nos pedem, o tempo todo, não é justamente para aguardar, para termos calma porque as coisas vão melhorar?

Muitas perguntas; poucas respostas.

Ali, no microcosmo da sala de aula, a solidariedade ganha densidade. Jovens sentados à mesa farta percebem a injustiça praticada contra os colegas de pratos vazios. Reivindicam o direito do amigo menos favorecido, reclamam melhor sorte para a amiga com fome. Optam por dividir o que receberam. Outros riem, exibem uma generosa fatia de bolo aos vizinhos e lambem os beiços a cada mordida. Apressam-se a abocanhar o máximo de biscoitos que couber, divertindo-se com a concorrência. Meu pirão primeiro!

Os conceitos estão todos ali, ao redor daquelas mesas. Injustiça. Acumulação. Desigualdade. Discriminação. Empatia. Solidariedade. Dignidade. Direitos Humanos.

É na prática que os Direitos Humanos fazem mais sentido. Quando ausentes, sua falta é percebida na pele, nos olhos intumescidos e úmidos, no estômago. Sua promoção exige que se revelem, que se exponham, que se fale deles até que se tornem visíveis, tangíveis, palpáveis, mesmo que por meio de sua hipotética violação. Uma violação de direitos, mesmo que simulada, pode ser pedagógica, ampliar olhares, apontar caminhos. Como uma epifania, um despertar de consciência.

A dinâmica das mesas desiguais está descrita no livro *Direitos Humanos: pautas para uma educação libertadora*. Publicado em 1985 por dois padres uruguaios, Luís Pérez Aguirre e Juan José Mosca, ambos integrantes do Serviço Paz e Justiça, o livro foi lançado no Brasil, em português, por iniciativa da Comissão Justiça e Paz de São Paulo, em 1990. Margarida conheceu Pérez Aguirre em Montevidéu e propôs traduzir o texto. Cuidou também de ampliar a parte dedicada às dinâmicas, adaptar conceitos e estatísticas para a realidade brasileira e, por fim, adicionou uma representativa coleção de documentos históricos, como os principais tratados e declarações de Direitos Humanos, políticos, econômicos e sociais firmados no âmbito das Nações Unidas.

A publicação foi recebida como um importante instrumento de formação para os Direitos Humanos, a democracia e a cultura de paz, na esteira do longo inverno que se abateu sobre muitos países da América Latina entre os anos 1960 e 1980. Tanto no Brasil quanto no Uruguai ou na Argentina, era preciso, acima de tudo, superar a hegemonia da cultura de guerra fundada em valores autoritários, práticas preconceituosas e na onipresente Doutrina de Segurança Nacional.

"O primeiro passo para voltar à civilidade é, sem dúvida, modificar os sistemas educativos implementando programas que, além de não incluir os conceitos próprios dessa doutrina, contenham os elementos necessários a formar os estudantes e professores no respeito aos Direitos Humanos", escreveu Adolfo Pérez Esquivel, prêmio Nobel da Paz de 1980, no prefácio à primeira edição. "A teoria só, não basta. O sistema de ensino deve ser modificado de modo a resumir na sua forma e conteúdo as pautas para a libertação dos nossos povos. O respeito aos Direitos Humanos deve ser algo que surge do interior de cada pessoa e se converta em uma forma de vida, produto da interação e das experiências compartilhadas entre professores e alunos, pais e filhos, amigos e a sociedade em geral. É necessário que este problema seja colocado com a maior seriedade e consciência possíveis, bem como se criem textos, guias, confeccionados por aqueles que assumiram desde o início um compromisso pela defesa dos Direitos Humanos e pela construção de uma sociedade livre de dominações".

Margarida era uma dessas pessoas. E a adaptação da obra de Aguirre e Mosca para no Brasil foi apenas um dos muitos trabalhos aos quais ela se dedicaria a partir de meados dos anos 1980, sempre motivada pela exata missão mencionada por Esquivel: formar estudantes e professores no respeito aos Direitos Humanos. E, para ela, a chave estava no conceito de dignidade humana, expressa no artigo 1º da Declaração Universal de 1948 – "todos os homens nascem livres e iguais em dignidade e direitos" – e no artigo 1º da Constituição Federal de 1988: "A República Federativa do Brasil, formada pela união indissolúvel dos Estados e Municípios e do Distrito Federal, constitui-se em Estado Democrático de Direito e tem como fundamentos: I - a soberania; II - a cidadania; III - a dignidade da pessoa humana; IV - os valores sociais do trabalho e da livre iniciativa".

O fim da ditadura conduziu Margarida por uma espécie de rito de passagem. Depois de combater as torturas e prisões políticas, os desaparecimentos forçados, a pena de morte, a Lei de Segurança Nacional, a truculência das forças de segurança, o arbítrio em suas diferentes formas, havia pela frente o longo caminho da Educação em Direitos Humanos para que a Nova República não se transformasse numa democracia de fachada. Sem um oponente específico a ser abatido, como fora a ditadura desde o início da Comissão Justiça e Paz, seria preciso repensar a CJP e seu funcionamento. Um novo ciclo teria início e ele necessariamente coincidiria com a posse da nova diretoria, em dezembro de 1986. Após dois mandatos consecutivos na presidência da CJP, desde 1982, Margarida deixou o cargo. De forma muito natural, o advogado Marco Antônio Rodrigues Barbosa, seu vice, foi escolhido para sucedê-la. Márcia Jaime, por sua vez, companheira de Margarida na viagem à Nicarágua e diretora-secretária da CJP ao longo dos quatro anos de sua gestão, assumiu o cargo de vice. Margarida tornou-se tesoureira.

Nos debates que envolveram a troca de bastões naquele finzinho de 1986, ganhou força a ideia de abraçar a educação como elemento norteador dos trabalhos. Os inimigos agora eram outros – e alguns deles moravam dentro das pessoas.

O desempenho de alguns candidatos nas eleições daquele ano foi uma das evidências de que era preciso envidar esforços no trabalho de conscientização. Margarida tinha convicção de que o conceito de Direitos Humanos era mal compreendido. Erasmo Dias, por exemplo, o ex-secretário de Segurança Pública responsável pela invasão da PUC em 1977, elegera-se deputado federal em 1978 e, sem conseguir se reeleger para a Câmara dos Deputados em 1982, emendaria três mandatos consecutivos na Assembleia Legislativa de São Paulo a partir de 1986 – sempre com votação expressiva. Em artigos publicados na imprensa, o coronel reclamava maior liberdade de atuação para os batalhões de elite da Polícia Militar e culpava o governo Montoro por proteger os "marginais" e dar demasiado espaço à "filosofia" dos Direitos Humanos. Havia apenas um mês, em 15 de novembro de 1986, o deputado estadual mais votado do Brasil, com mais de meio milhão de votos, tinha sido Afanásio Jazadji, um radialista muito popular que usava seu espaço numa rádio de São Paulo para acusar os defensores dos Direitos Humanos de "defender bandidos". Como candidato, prometia "combater os Direitos Humanos", expressão que Margarida considerava um contrassenso. Anos antes, em 25 de abril de 1984, o dia em que o Congresso Nacional rejeitou a emenda Dante de Oliveira e adiou o voto direto para presidente da República, Jazadji dera uma pequena amostra de seu pensamento: "Tinha que pegar esses presos irrecuperáveis, colocar todos num paredão e queimar com lança-chamas", bradou. "Ou jogar uma bomba no meio e pum: acabou o problema". Era como se a prática criminosa fosse sempre uma escolha deliberada dos indivíduos que a cometem, como se jamais houvesse inocentes entre os condenados, como se não fosse missão do sistema de Justiça promover a recuperação e a reinserção social do apenado e como se a execução de um criminoso fizesse sumir a prática do crime. O efeito colateral de declarações como as daquele radialista, que muitas vezes ficavam sem resposta ou contraponto, era a formação de uma opinião pública conivente, que aplaudia chacinas, defendia propostas como prisão perpétua e liberação do porte de armas, e, estimulada por setores da sociedade, culpava a "turma dos Direitos Humanos" pelos altos índices de furto, assalto e latrocínio.

Nesse cenário, a estratégia adotada por Margarida e pela "turma dos Direitos Humanos" era clara: transformar corações e mentes. Por meio da educação, é claro. "O trabalho mais útil que poderíamos realizar naquele momento pós-ditadura, com a volta da eleição direta e o início do processo constituinte, seria a Educação em Direitos Humanos", conta Margarida. "Porque não basta apenas uma boa lei, ou uma bela Constituição. É preciso desenvolver nas pessoas o espírito de cidadania, de pertencimento e de participação". Ainda segundo Margarida, é senso comum que investir em Educação é etapa fundamental para o progresso, a melhoria da qualidade de vida e, também, para o desenvolvimento de qualquer país. "Mas não só a Educação tradicional, que ministra conhecimentos e prepara bons profissionais. Essa outra Educação, que forma cidadãos conscientes e engajados, também é fundamental".

Pérez Aguirre foi uma das inspirações de Margarida e da Comissão. Conhecido como Perico, palavra espanhola que significa periquito, Aguirre notabilizara-se em meados de 1983, quando se somou ao padre Jorge Osorio e ao pastor metodista Ademar Oliveira, todos uruguaios, em um jejum de duas semanas em protesto pelo aniversário de dez anos da ditadura militar em seu país. Militante dos Direitos

Humanos ligado à Igreja Católica, uma das vozes mais importantes da Teologia da Libertação em seu país, Perico era membro fundador do Serviço Paz e Justiça, uma instituição equivalente à Comissão Justiça e Paz no Uruguai. Nas décadas de 1980 e 1990, seus livros tornaram-se referência entre aqueles que se envolveram na valorosa aventura de educar para os Direitos Humanos. Perico participaria de diversos encontros e publicações da CJP antes de morrer, aos 59 anos, num lamentável acidente de trânsito: a bicicleta que dirigia foi atropelada por um ônibus numa cidade litorânea do Uruguai, em 2001.

Além do contato estabelecido entre Margarida e Pérez Aguirre, outra experiência que influenciou de forma decisiva a opção da CJP pela Educação em Direitos Humanos foi uma iniciativa muito oportuna que tivera início na Costa Rica, em 1985: o curso interdisciplinar oferecido pelo Instituto Interamericano de Direitos Humanos (IIDH).

Fundado em 1980, a partir de um convênio entre a Corte Interamericana de Direitos Humanos e o governo da Costa Rica, o IIDH nascera como uma entidade autônoma, de natureza acadêmica, voltada para a educação, pesquisa e promoção dos Direitos Humanos na América Latina. Desde o estatuto, ficara estabelecido que o IIDH não se ocuparia com denúncias de violações de direitos nem atuaria no âmbito jurídico. Sua missão seria atuar nas esferas cultural e educacional, de modo a divulgar o teor dos tratados internacionais e abordar princípios do Estado democrático de Direito a fim de contribuir para a construção da cidadania. Um dos desdobramentos dessa atuação foi justamente o Projeto Educação em Direitos Humanos, concebido no final de 1984 pela pedagoga Letícia Olguin, argentina radicada em San José, e aplicado a partir do ano seguinte com apoio da Fundação Friedrich Naumann, alemã.

O projeto consistia num curso anual, com duração de duas semanas, voltado a operadores do Direito, professores e ativistas de Direitos Humanos de três países do Cone Sul que, àquela altura, pelejavam para se livrar de regimes totalitários e restaurar a democracia: Argentina, Uruguai e Brasil. Participantes da Costa Rica e do Panamá foram admitidos em seguida, embora o cerne dos trabalhos estivesse sempre voltado à missão de auxiliar na construção de uma cultura democrática nos três países sul-americanos que haviam sentido na pele a truculência da ditadura e onde a defesa dos Direitos Humanos era quase sempre associada à proteção de bandidos, subversivos e comunistas.

Cabia a Letícia não apenas coordenar os cursos – com conferências de manhã e apresentação de projetos à tarde – como selecionar as entidades naqueles países que seriam convidadas a enviar representantes. Os convites incluíam passagens, hospedagem e alimentação durante todo o tempo do curso.

Os primeiros brasileiros a participar, logo na primeira turma, foram os advogados Belisário dos Santos

Jr. e João Ricardo Dornelles, ambos representando a Associação dos Advogados Latino-Americanos, e o antropólogo José Maria Tavares de Andrade, de Recife. Membro da Comissão Justiça e Paz, Belisário falou da CJP para a coordenadora do curso. E, na volta, contou detalhes do curso para os colegas de CJP. A identificação foi imediata.

Já em 1985, Letícia excursionou pelo Brasil, pela Argentina e pelo Uruguai com a missão de promover seminários sobre Educação e Direitos Humanos em diferentes cidades desses países. Quanto mais gente fosse tocada – e quanto mais influentes fossem as pessoas tocadas, de modo a reproduzir e passar adiante os conceitos apresentados –, melhor. Letícia pediu aos alunos do primeiro curso que a ajudassem a definir o roteiro das cidades e as organizações parceiras. Para ela, o essencial era ir além dos operadores do Direito e dos acadêmicos. "Esse debate não poderia ficar restrito à esfera universitária e aos círculos mais elitizados", diz. "O principal era chegar a quem estava na ponta, lavradores e operários, população carcerária, pessoas em situação de subemprego...".

Neste sentido, foi fundamental o empenho em capacitar lideranças comunitárias nas diferentes regiões: mulheres e homens aptos a traduzir esses temas para as realidades locais. Na primeira viagem de Letícia Olguin ao Brasil, os seminários foram realizados em três capitais: Recife, Rio de Janeiro e São Paulo. A partir do ano seguinte, ela aumentou o raio de atuação e a frequência e chegou a fazer três viagens por ano, cada uma com dois meses de duração, com um seminário a cada um ou dois dias. Dezesseis cidades compunham a rota pelo Cone Sul. João Pessoa, Porto Alegre e Curitiba foram alguns dos destinos que se somaram a Recife, Rio de Janeiro e São Paulo na etapa brasileira.

Desde o primeiro momento, a Comissão Justiça e Paz de São Paulo tornou-se o epicentro das ações irradiadas por Letícia. E, no sentido inverso, muitos brasileiros foram convidados a ir a San José para assistir às aulas do IIDH, entre eles Marco Antônio e Margarida, entre 1986 e 1989. Naquele ano, Letícia se desligou do IIDH e seguiu atuando como organizadora, consultora e facilitadora nos diferentes projetos de Educação em Direitos Humanos que começaram a surgir nos países do Cone Sul. "Na edição em que Margarida esteve em San José para fazer o curso, houve um tremor de terra no horário da nossa atividade", Letícia não esquece. "A maioria dos alunos correndo, buscando se esconder, alguns debaixo da mesa, e Margarida nem se mexeu, continuou estudando suas anotações como se nada tivesse acontecido. Acho que ela nem se deu conta".

Letícia e Margarida tornaram-se grandes amigas, a ponto de frequentarem a casa uma da outra, dezenas de vezes, e tornarem-se companheiras de inúmeras viagens. Uma vez, ainda nos anos 1990, decidiram visitar o México por ocasião do Dia dos Mortos, e escolheram a cidade de Oaxaca, onde as festividades se estendem por mais de uma semana. Interessadas em conhecer a cultura indígena local, fizeram um verdadeiro trabalho de campo, conversando com artesãs e artesãos e acompanhando os trabalhos de decoração das ruas e das lojas, com milhares de velas e flores, bem como os rituais de preparação para receber os mortos – algo inconcebível para o catolicismo dominante no Brasil e na Argentina. Letícia também levou Margarida para um passeio muito especial na Costa Rica: no mesmo dia, tomaram café-da-manhã em Limón, vendo o Sol nascer no mar do Caribe, e encerraram o dia tomando um drink em Guanacaste, vendo o Sol se pôr no Pacífico. Também passaram uma temporada em Nova York e foram juntas a Paris – após muita insistência de Margarida, que teimava em apresentar a França à amiga. Em 2021, as duas seguiriam em contato, conversando longamente por telefone todos os sábados, pontualmente às 11h30.

Se a obra de Pérez Aguirre e a mobilização de Letícia Olguin deram régua e compasso para que a Comissão Justiça e Paz abraçasse a Educação em Direitos Humanos como eixo orientador de seu trabalho a partir de 1987, quem arregaçou as mangas e se debruçou sobre a prancheta a fim de colocar tudo no papel foi Marco Antônio Rodrigues Barbosa. Feito presidente da Comissão, o advogado consolidou suas ideias e suas propostas de ação em um projeto, apresentado aos colegas e conselheiros da CJP nas primeiras semanas de 1987. Antonio Carlos Fester, jornalista e escritor que acabara de se somar ao grupo de membros da CJP e que, treze anos depois, assumiria o posto de diretor-secretário, registrou fragmentos dessa reunião no livro *Justiça e Paz: Memórias da Comissão de São Paulo*, de 2005. "Marco Antônio, recém-empossado em uma missa solene na catedral, apresentou o Projeto de Educação em Direitos Humanos, ambicioso, abrangente, trabalhoso", escreveu. "Houve uma discussão de prós e contras. De repente, José Carlos Dias resolveu a questão:

— Mas qual é o problema? Nós sempre fizemos o impossível.

Um sorridente Dom Paulo encerrou a reunião:

— Eu sempre fico muito feliz em vir aqui porque os senhores alimentam a minha esperança."

Já em abril, foi constituída uma equipe para assessorar o Projeto de Educação em Direitos Humanos, integrada por Antonio Candido, Alfredo Bosi, Marco Antônio, Maria do Carmo Brandt Falcão, Márcia Jaime e, é claro, Margarida. Alfredo Bosi tornou-se uma espécie de porta-voz. Apresentou o projeto a delegados de ensino da Grande São Paulo e, em julho, ao secretário estadual de Educação, Chopin Tavares de Lima. Seguiram-se diversas palestras sobre a interdisciplinaridade e a urgência do debate sobre Direitos Humanos nas escolas, para diretores e professores, ao longo do segundo semestre de 1987 e todo o ano de 1988. Entre agosto e outubro de 1988, a CJP ofereceu o Primeiro Curso de Formação de Monitores para Educação em Direitos Humanos, aos sábados, na Fundação para o Desenvolvimento da Educação (FDE), vinculada à Secretaria de Educação do Estado, formando 110 professores e diretores da rede pública estadual.

Em 1989, reconduzido à presidência da CJP, Marco Antônio Rodrigues Barbosa pegou sua pasta e foi bater na porta do novo secretário municipal de Educação. Dentro da pasta, levava uma cópia encadernada daquele projeto, agora atualizado e ampliado após dois anos de trabalho, e um exemplar do livro *Direitos Humanos: um debate necessário*, fruto de dois seminários sobre Educação em Direitos Humanos promovidos pelo IIDH com apoio da CJP, o primeiro em Recife, em 1986, e o segundo em Petrópolis (RJ), em 1987. Marco Antônio estava entusiasmado. O secretariado da prefeita Luiza Erundina incluía nomes de grande prestígio, como os de Marilena Chaui (Cultura), Paul Singer (Planejamento) e do ex-presidente da CJP Dalmo Dallari (Negócios Jurídicos). Mas nenhum secretário era tão conhecido quanto o titular da Educação: Paulo Freire.

Paulo Freire abraçou o projeto e contribuiu com ele de diversas formas. Um termo de cooperação técnica entre a Secretaria e a Comissão foi assinado em 1990 e pôde incidir na formação permanente dos professores e influenciar o processo de reorientação curricular na rede municipal de ensino. Segundo Antonio Carlos Fester, a Secretaria Municipal de Educação, sob a batuta de Paulo Freire, estava comprometida com a missão de construir um modelo de escola "que tivesse como marca principal a educação como prática da liberdade". "Uma escola aberta", ele diz, "para que o povo participasse da aquisição e da reconstrução crítica de um saber que levasse em conta as suas necessidades e fosse instrumento de emancipação".

Uma das primeiras iniciativas do secretário foi distribuir por todas as escolas o livro dos padres uruguaios Pérez Aguirre e Mosca, aquele que trazia a dinâmica das mesas com mais ou menos comida para suscitar discussões sobre desigualdade. Também em 1990, Paulo Freire colaborou na elaboração de uma cartilha de formação popular intitulada *A força do povo*, elaborada sob medida para ajudar a difundir a prática da Educação em Direitos Humanos junto a grupos aos estratos menos favorecidos economicamente.

De repente, na virada dos anos 1990, a CJP havia emplacado programas de Educação em Direitos Humanos nas esferas estadual e municipal, em diversas cidades. Livros, cartilhas e apostilas serviam de material de apoio para uma grande variedade de cursos, seminários e oficinas. Logo a Educação em Direitos Humanos concebida pela CJP alcançou outros cenários e conseguiu influir sobre diferentes grupos sociais. Um curso pioneiro foi montado para a Guarda Civil Metropolitana de Santo André, na Grande São Paulo, ainda em 1990, estendendo-se para as polícias civil e militar nos anos seguintes. No Paraná, as aulas foram vinculadas ao programa de formação de professores da rede estadual. Em São Paulo, elas serviram de subsídio para a criação dos Conselhos Tutelares.

A Democracia, essa deidade sempre fugidia e inspiradora, ainda parecia distante, quiçá nebulosa. Mas cada vez mais próxima.

14
De volta ao Araguaia

NA MANHÃ DE 4 DE SETEMBRO DE 1990, imagens transmitidas pela televisão chocaram a opinião pública e deixaram muitos familiares de desaparecidos políticos de orelha em pé. De um buraco aberto com pás e picaretas no gramado de um cemitério na periferia de São Paulo, saíram dezenas de sacos plásticos repletos de ossos humanos. Até o fim do dia, seriam centenas. No fim do mês, somavam mais de mil.

Os sacos, muitos deles em péssimo estado de conservação, por vezes não resistiam ao manuseio dos sepultadores e rasgavam, deixando escapar fragmentos de esqueletos anônimos: uma tíbia, um fêmur, um crânio. Nenhuma etiqueta foi encontrada naqueles sacos, nenhum nome, nenhum número, o que tornava impossível a tarefa de identificar os corpos, entregá-los às respectivas famílias e providenciar um enterro decente.

Os corpos de mais de mil cidadãos brasileiros, sepultados naquele cemitério na primeira metade dos anos 1970, haviam sido deliberadamente exumados de suas sepulturas e ocultados numa vala clandestina em 1976, conforme se apurou nos meses seguintes. Eram, ao todo, 1.049 sacos. As ossadas foram transpostas para 1.049 caixas e encaminhadas para a Universidade de Campinas (Unicamp), com vistas à identificação. Um processo longo, exaustivo, marcado por frequentes intervenções políticas. Apenas duas ossadas foram identificadas nos quinze anos subsequentes. Somente em 2005 seria identificada a terceira ossada. E, em 2018, outras duas.

A vala de Perus foi revelada, em 1990, graças à coragem do administrador daquele cemitério, Antônio Pires Eustáquio, que ousou denunciar o ossário clandestino ao jornalista Caco Barcellos. E também à iniciativa da então prefeita Luiza Erundina, que em nenhum momento hesitou em destampar a vala e tornar pública aquela escandalosa violação de direitos, que implica pelo menos dois crimes de lesa-humanidade: o desaparecimento forçado e a ocultação de cadáveres. No Dia de Finados, 2 de novembro, Dom Paulo foi ao cemitério de Perus e celebrou uma missa ao ar livre ao lado da vala. Seus pés pisaram a terra revolvida e tocaram a beira do buraco durante a cerimônia. Margarida fotografou o momento. À esquerda de Dom Paulo, a prefeita. À sua direita, o secretário municipal de Negócios Jurídicos, Dalmo Dallari, primeiro presidente da Comissão Justiça e Paz.

A revelação daquele campo-santo de triste memória deflagrou muito mais do que as 1.049 ossadas. Em razão de uma Comissão Parlamentar de Inquérito (CPI) aberta na Câmara Municipal de São Paulo com o objetivo de investigar a origem da vala, o episódio permitiu a divulgação, pela primeira vez nas primeiras páginas dos jornais, de um sistema repressivo desumano, edificado sobre crimes gravíssimos praticados pelo Estado, entre os quais a tortura, a falsificação de atestados de óbitos e a opção por enterrar como indigentes pessoas das quais se sabiam os nomes. Apurou-se também que aquele ossário havia sido criado, ao arrepio da lei, para ocultar não apenas desaparecidos políticos, mas também vítimas de grupos de extermínio – como o Esquadrão da Morte, denunciado pelo membro-fundador da CJP e agora deputado federal eleito Hélio Bicudo – e cidadãos executados pelas Rondas Ostensivas Tobias de Aguiar, a Rota, batalhão da PM conhecido por promover, desde sua fundação, em 1970, o genocídio da população pobre e preta nas periferias.

A vala de Perus deflagrou também uma série de novas denúncias sobre o *modus operandi* da repressão nos anos de chumbo e estimulou novas buscas por desaparecidos políticos, nas cidades e na zona rural. Os membros da Comissão Justiça e Paz viram-se mais uma vez convocados a auxiliar nessas buscas e a denunciar, de novo, os crimes praticados pela ditadura. Enquanto não houvesse respostas, enquanto não se registrasse a verdade, enquanto tais violações não fossem amplamente conhecidas e julgadas, enquanto não fosse possível prestar contas com o passado de dor, violência e morte, a tal democracia continuaria sendo um ponto no mapa, ainda distante, como uma espécie de arco-íris que nunca conseguimos alcançar.

No dia 6 de dezembro de 1990, dois meses após a revelação da vala, uma moça que aparentava 30 anos entrou na Cúria Metropolitana e sentou-se diante de Margarida para prestar depoimento. Seu nome era Sônia. Gaúcha, viera a São Paulo na véspera para depor na CPI de Perus e combinara de repetir seu testemunho à equipe da CJP.

Chegou acompanhada pela presidente do Grupo Tortura Nunca Mais de São Paulo, Helena Pereira dos Santos (mãe do desaparecido político Miguel Pereira dos Santos, o Cazuza). Além de Margarida, ouviram seu relato outros dois membros da CJP, os advogados Antonio Funari Filho e Márcia Jaime, vice-presidente da Comissão. Margarida assumiria novamente a presidência dali a três dias, para o quinto (e último) mandato de dois anos. Atenta, escutou o testemunho, que não era exatamente sobre Sônia, mas sobre seu irmão João Carlos.

João Carlos Haas Sobrinho era um dos muitos desaparecidos da Guerrilha do Araguaia. Médico de São Leopoldo (RS), ele militava no PCdoB quando se mudou para uma pequena cidade do Maranhão, em 1966. Por cinco anos, trabalhou como médico e lavrador, mudou duas vezes de cidade, até dar início, no final de 1971, à implantação de uma espécie de posto de saúde para cuidar das forças guerrilheiras nos municípios de São João do Araguaia e Conceição do Araguaia, no Sudeste do Pará. Em abril de 1972, juntou-se às fileiras de combate.

Relatos de companheiros dão conta de que, em 30 de setembro daquele ano, João Carlos foi metralhado por agentes do Exército em Xambioá, extremo-norte do atual Estado do Tocantins. Sônia contou a Margarida que sua morte nunca fora oficializada. Nem sequer uma certidão de óbito. Dr. Juca, como era conhecido pelos pacientes que atendeu e pelas pessoas com quem conviveu no Araguaia, simplesmente sumira.

Sônia estivera em Xambioá em 1987, seguindo os passos do irmão, a fim de tentar reconstituir a experiência dele na região e encontrar alguma pista sobre sua morte. Queria falar com alguém que o tivesse conhecido, pisar onde ele pisara. Naquela viagem, Sônia conheceu Joaquina, uma senhora que, nos anos 1970, havia trabalhado na delegacia de polícia de Xambioá, cuidando da limpeza e da cozinha, e era casada com um funcionário do cemitério, já falecido. Joaquina dizia se lembrar da morte do Dr. Juca. Segundo ela, o corpo de seu irmão fora deixado por algumas horas no pátio da delegacia para que as pessoas que passassem por lá o vissem. Em seguida, foi exposto na praça principal. Havia, nessa atitude, uma intenção "pedagógica" da repressão, certo terrorismo oficial: "É isso o que pode acontecer com você caso se envolva com esses subversivos", os policiais pareciam dizer. O tiro saiu pela culatra. Conhecidos do Dr. Juca se aproximavam, enternecidos, lamentavam sua morte e rendiam-lhe homenagens ali mesmo, na praça.

A mesma senhora contara a Sônia que o corpo de João Carlos tinha sido enterrado às escondidas, diretamente na terra, numa cova clandestina dentro do cemitério. Fora com a irmã até lá e mostrara a ela o local exato em que aquela ocultação, tão semelhante às de Perus, havia acontecido: a quatro metros do portão, no corredor lateral, tangenciando a cerca. Não houve argumento capaz de convencer as autoridades locais a escavar a área. Se alguma ossada fora depositada ali, era provável que ali continuasse. Por isso o desejo de voltar a Xambioá, desta vez com uma autorização para escavar.

Margarida não se conformou com o relato. Era muito descaso por parte das autoridades. Ou melhor: muito sadismo. Agradeceu a Sônia e prometeu ajudar. No dia seguinte, antes que Sônia voltasse para São Leopoldo, Margarida a convidou para jantar em sua casa e chamou outros membros da CJP para que ela os conhecesse. Estavam lá o presidente Marco Antônio Rodrigues Barbosa, o ex-presidente José Carlos Dias, Márcia Jaime e outros. Uma nova expedição ao Araguaia começou a ser desenhada ali.

Nas primeiras semanas de 1991, Margarida conseguiu apoio junto à Unicamp e também a promessa, feita pelo reitor, de que o legista Fortunato Badan Palhares, à frente do Departamento de Medicina Legal da Faculdade de Medicina e responsável pelas ossadas de Perus, estaria à disposição.

O grupo desembarcou em Xambioá no dia 28 de abril. "Foram umas vinte pessoas", diz Margarida, única representante da CJP. "Era um grupo variado, que reunia veteranos da Guerrilha do Araguaia e familiares de desaparecidos". Elza Monerat, Crimeia Schmidt e Dower Cavalcanti integravam o primeiro grupo. Victoria Grabois e Sônia Maria Haas estavam no segundo. Desta vez, antes de pegar o avião, o advogado Idibal Piveta, defensor de presos políticos, tratou de obter junto ao juiz a autorização para abrir a cova. Finalmente, o grupo incluía meia dúzia de jornalistas, de veículos como *Jornal do Brasil*, *Estadão* e *Revista IstoÉ*.

As escavações foram iniciadas às 7h da manhã seguinte. Joaquina acompanhava tudo e indicava os caminhos. Margarida acreditava que as ossadas atribuídas a João Carlos Haas seriam rapidamente localizadas, e que Badan Palhares faria a exumação e levaria o material até Campinas. Mas nem tudo transcorreu como previsto. "Não encontramos nada no local indicado", Sônia conta. "Para piorar, o perito declarou que tinha ido fazer uma única exumação e não passaria o resto do dia procurando outra ossada". O grupo ficou indignado, é claro. Idibal Pivetta teve de puxar o Palhares para um canto, dizer que não era assim, explicar que aquela era uma expedição histórica." Ou seja, se fossem encontradas outras ossadas, seria preciso analisá-las. Badan Palhares concordou em abrir três covas.

As indicações de onde escavar chegavam por diversos meios e eram, por vezes, conflitantes. A cada porção de terra removida, crescia a expectativa. Finalmente, surgiram os primeiros sinais de que um corpo havia sido encontrado. Jornalistas e familiares não arredavam o pé. Ao contrário, chegavam cada vez mais perto para não perder nada.

Os restos mortais foram retirados da cova por Badan Palhares e colocados sobre uma lápide. Ali mesmo, o médico começou a manusear os ossos e a olhar de perto para fazer uma primeira triagem. Quinze minutos depois, descreveu o que fora encontrado: mulher, cerca de 25 anos, corpo enrolado em tecido, perfuração circular compatível com arma de fogo numa das têmporas, botas de couro, cinto com fivela de metal, fragmentos de uma blusa de ban-lon. Fio sintético, parente do nylon, o ban-lon havia resistido à decomposição e, incomum na região, reforçava a tese de que aquele corpo era de uma moça jovem e "de fora". Em seguida, Palhares surpreenderia a todos ao ordenar que o buraco fosse fechado, sem que nenhum osso fosse retirado. Foi um fuzuê. Margarida cobrava uma explicação.

— Como assim, fechar? Imagina...

— Esses ossos são de uma mulher – Palhares respondeu. — E eu vim aqui buscar o João Carlos Haas Sobrinho.

Margarida argumentava, sempre de forma serena, que era preciso investigar aquele corpo, saber quem era aquela pessoa, como ela tinha ido parar ali, por que fora enterrada sem nenhum registro oficial. Pivetta foi o primeiro a chamar atenção para o tecido encontrado junto ao corpo. Parecia de um paraquedas das Forças Armadas. Chegou mais perto para ver melhor e notou que a etiqueta de identificação havia sido cortada.

— Esta pessoa era uma guerrilheira — Pivetta concluiu. — Ela foi morta pelo Exército e enrolada no paraquedas em seguida, talvez para ser carregada até aqui.

Uma coisa era certa: com aquelas roupas, envolvida num paraquedas do Exército, ninguém em sã consciência diria se tratar de uma pessoa da região, vítima de morte natural numa terça-feira qualquer. Tinha caroço naquele angu, e o resto do grupo sabia disso.

Papo vai, papo vem, aquela ossada foi colocada num saco de plástico e transportada numa caixa até a Unicamp. "Fiquei muito emocionada", Margarida lembra. "Foi uma experiência inédita para mim, acompanhar a retirada de uma ossada. E a hipótese de encontrar uma guerrilheira desaparecida era algo muito forte".

Por uma série de motivos — e alguns pauzinhos mexidos por políticos influentes com a intenção de manter aquele passado em segredo — apenas em 1995 a ossada foi identificada. Era, de fato, de uma guerrilheira: Maria Lúcia Petit, morta pelo Exército, aos 22 anos, em junho de 1972. Sua ossada só foi identificada depois que Maria Laura, irmã mais nova de Maria Lúcia, localizou uma fotografia da irmã vestindo a mesma roupa encontrada na cova clandestina de Xambioá. Maria Laura também perdera outros dois irmãos na guerrilha: Jaime e Lúcio Petit.

Da terceira cova, já no final do dia, foram retirados os remanescentes ósseos de um homem negro, mais velho, com cerca de 60 anos, sem dentes na arcada superior. Não poderia ser o João Carlos, mas havia esperanças de que fosse o João Francisco, que trabalhara como estivador em Santos antes de se juntar à guerrilha. Margarida jamais se esqueceu daquela viagem. Ela voltaria ao Araguaia em 1996, novamente com Sônia, em outra tentativa de encontrar João Carlos. Agora, a expedição tinha apoio do Governo Federal e era acompanhada por outro perito, Luiz Fondebrider, da Escola Argentina de Arqueologia Forense. Com outras pistas na manga, o grupo localizou três ossadas enterradas de forma suspeita. Foram exumadas e permaneceram muitos anos numa sala de Brasília, à espera de um exame de DNA. Somente uma delas seria finalmente identificada, a ossada de Bergson Gurjão Farias, apenas em 2009.

Em 2010, Margarida reencontrou parte daquela turma em San José, na Costa Rica. Depois de vinte e oito anos lidando com presos políticos, Margarida viajou para conferir de perto o julgamento do Estado brasileiro pela Corte Interamericana de Direitos Humanos. O Brasil era réu numa ação movida em 1995 pelo Grupo Tortura Nunca Mais do Rio de Janeiro e pelo Centro pela Justiça e o Direito Internacional (Cejil). Por meio dessa ação, familiares de desaparecidos da Guerrilha do Araguaia cobravam respostas oficiais para as perguntas que repetiam, sem cessar, desde os anos 1970: o que foi feito dos militantes? Onde foram mortos? Onde enterraram seus corpos?

Na manhã de 20 de maio de 2010, Crimeia e Maria Laura testemunharam diante da Corte. Contaram o que sabiam sobre seus familiares desaparecidos e, principalmente, detalharam os principais episódios vividos ao longo de quase trinta anos de busca, entre os quais a expedição de 1991 em que a ossada de Maria Lúcia foi exumada. Belisário dos Santos Jr. também estava lá, para falar como perito. Na plateia, amigas e amigos de Margarida, como Amelinha Teles, seus filhos Edson e Janaína, Victoria Grabois e Suzana Lisbôa vestiam camisetas brancas estampadas com os rostos de seus mortos.

Do outro lado do balcão, representando o Estado brasileiro com o objetivo de evitar que a União fosse condenada a procurar sepulturas e a dar explicações, discursaram outros amigos de Margarida, com destaque para José Gregori, que havia presidido a CJP nos anos 1980 e fora ministro da Justiça de Fernando Henrique Cardoso nos anos 1990. "As voltas que o mundo dá", Margarida comenta. "Só sei que, naquele dia, quem estava com a razão eram os familiares dos desaparecidos".

A decisão da Corte foi por condenar o Estado brasileiro no "caso Gomes Lund e outros", assim batizado em referência a um dos setenta militantes desaparecidos no Araguaia. "O Estado é responsável pelo desaparecimento forçado e, portanto, pela violação dos direitos ao reconhecimento da personalidade jurídica, à vida, à integridade pessoal e à liberdade pessoal", dizia a sentença. A total ausência de condenações de torturadores e a omissão da Justiça brasileira quanto aos crimes continuados de desaparecimento forçado e ocultação de cadáveres, aliadas à aplicação dada pelo Poder Judiciário à Lei de Anistia, mostravam-se incompatíveis com a Convenção Americana de Direitos Humanos, à qual o Brasil havia aderido em 1992. Neste sentido, a sentença reiterava a responsabilidade do Estado "pela violação dos direitos às garantias judiciais e à proteção judicial" e "pela falta de investigação dos fatos do presente caso, bem como pela falta de julgamento e sanção dos responsáveis".

Por fim, as deliberações da Corte Interamericana não se restringiram aos desaparecidos do Araguaia. Conforme a sentença proferida por aquele tribunal, o Brasil foi condenado a envidar todos os esforços para localizar os desaparecidos, identificar e entregar os restos mortais a seus familiares.

15
A Rede

DEFINITIVAMENTE, VIENA NÃO PARECIA o lugar adequado para aquela conferência. No caminho entre o hotel e o centro de convenções, Margarida não soube driblar essa curiosa sensação. A capital da Áustria deveria ser uma das cidades com mais qualidade de vida em todo o planeta, se não a primeira da lista. O Rio Danúbio, os parques, as fontes, os belos palácios, não parecia justo trocar aquele cenário inspirador por um dia inteiro enfurnada num auditório, ouvindo discussões intermináveis sobre miséria, mortalidade infantil, genocídio, guerras civis, opressão e violência de gênero, entre dezenas de outros temas, não menos importantes, que certamente suscitariam debates infindáveis. Ainda mais num dia ensolarado como aquele. Era primavera na terra da valsa, e os jardins pareciam especialmente floridos e iluminados naqueles dias.

A Conferência Mundial de Direitos Humanos havia começado dez dias antes, no dia 14 de junho de 1993. E começara num contexto de muita apreensão, o que parecia potencializar o paradoxo observado por Margarida. Enquanto 7 mil delegados de 170 países buscavam um ambiente de paz e concertação, o mundo do lado de fora colecionava notícias lamentáveis e as piores estatísticas possíveis. Havia uma guerra sendo travada naquele exato momento, na Bósnia, a apenas uma hora de voo dali. Havia uma guerra civil em Ruanda e uma intervenção humanitária na Somália após dois anos de fome e conflitos internos.

Um estudo divulgado pela ONU dias antes do início da Conferência mostrou que, naquele momento, metade da população mundial era vítima de alguma grave violação de direitos. Segundo outro estudo, nada menos do que 1 milhão de pessoas abandonam seus países de origem a cada ano, fugindo principalmente da miséria e das guerras, sendo muitas vezes recebidas no exílio com xenofobia, intolerância e preconceito. A situação do Brasil não era menos desalentadora. Após um ano marcado por recessão econômica, retração do PIB e altas taxas de desemprego e inflação, o que serviu de combustível para a convulsão social que culminou no impeachment do presidente Fernando Collor de Mello, em dezembro, o Brasil começara 1993 com um novo governo em meio a uma conjuntura caótica o bastante para deixar os defensores dos Direitos Humanos de cabelo em pé. Para Pierre Sané, presidente da Anistia Internacional, o extermínio de crianças no Brasil era um dos crimes mais bárbaros da atualidade, o suficiente para colocar nosso país em pé de igualdade com Somália, Ruanda ou Bósnia. O número de brasileiros com fome era tão grande que, dois meses antes da conferência, o sociólogo Herbert de Souza, o Betinho, havia lançado oficialmente uma vigorosa campanha de solidariedade intitulada "Ação da Cidadania contra a Fome, a Miséria e pela Vida". Somavam-se a isso a pandemia de cólera, a violência policial, os esquadrões da morte...

Margarida não conseguia esquecer o que tinha visto na Casa de Detenção de São Paulo, em outubro do ano anterior. Dias após a terrível chacina promovida pela Polícia Militar no Pavilhão 9 do Presídio do Carandiru, resultando na morte de 111 presos desarmados, Margarida esteve no local juntamente com Paulo Sérgio Pinheiro: ela como presidente da Comissão Justiça e Paz; ele como presidente da Comissão Teotônio Vilela de Direitos Humanos. Todo o pavilhão havia sido lavado, mas a faxina não fora suficiente para eliminar as marcas de sangue e o cheiro que lhe impregnou as narinas. Margarida pôde conversar com um sobrevivente, um detento que tivera o abdome rasgado por uma baioneta. "Foi um horror", ela diz. "Cheguei à Cúria, telefonei imediatamente para o secretário e relatei minha visita".

— É inaceitável uma coisa dessas – Margarida repreendeu o secretário estadual de Segurança Pública, Pedro Franco de Campos. — O senhor saiba que eu conversei com um preso que foi ferido ontem e está lá, mais de 24 horas depois, com a barriga aberta.

— A senhora está exagerando – o secretário respondeu. — Isso que a senhora está dizendo não existe.

— Ora, eu acabei de vir de lá! – Margarida ficou furiosa. — Eu não estou mentindo. Eu mesma vi! E bateu o telefone na cara dele.

Agora, em 25 de junho de 1993, a caminho da mesa de encerramento da Conferência Mundial de Direitos Humanos de Viena, as lembranças da visita ao Carandiru acorriam à mente de Margarida. Confundiam-se com as lembranças de outras visitas, feitas nos anos 1980, ao manicômio judicial de Franco da Rocha e ao Presídio de Taubaté, onde foram impedidos de entrar, sempre na companhia de representantes da Comissão Teotônio Vilela. Outros episódios de escancarada violação de direitos que testemunhara em São Paulo durante todos aqueles anos também se alternavam em suas lembranças e tornavam ainda mais paradoxal a bela paisagem de Viena que se descortinava pela janela do carro. Extremos.

Margarida tinha 70 anos de idade quando recebeu, em mãos, o texto da Declaração de Viena, naquela tarde. Como se nada mais estivesse acontecendo ao seu redor, Margarida pôs-se a ler o documento ali mesmo. Uma leitura transversal, mas suficientemente atenta para que ela pudesse identificar os pontos que lhe pareciam cruciais naquela publicação. Não demorou para que ela confirmasse duas tendências que condiziam com sua intuição e sua esperança: a Declaração de Viena reiterava o princípio da indivisibilidade dos Direitos Humanos e dedicava um espaço privilegiado ao tema que lhe era mais caro, a Educação em Direitos Humanos.

"A Conferência Mundial sobre Direitos Humanos realça a importância de incluir a questão dos Direitos Humanos nos programas de educação e apela aos Estados para que o façam", dizia a Declaração de Viena, no parágrafo 33 do capítulo I. "A educação deverá promover a compreensão, a tolerância, a paz e as relações amigáveis entre as nações e todos os grupos raciais ou religiosos, e encorajar o desenvolvimento de atividades das Nações Unidas na prossecução desses objetivos. Assim, a educação em matéria de Direitos Humanos e a divulgação de informação adequada, tanto teórica quanto prática, desempenham um papel importante na promoção e no respeito aos Direitos Humanos em relação a todos os indivíduos, sem qualquer distinção de raça, sexo, língua ou religião, o que deverá ser incluído nas políticas educacionais, quer a nível nacional, quer a nível internacional". Mais adiante, o parágrafo 38 contemplava a importante contribuição das Organizações Não Governamentais nesse trabalho. "Embora reconheça que a responsabilidade primeira pela definição de normas cabe aos Estados, a Conferência agradece também a contribuição de organizações não-governamentais para este processo", dizia o texto. "A este respeito, a Conferência Mundial sobre Direitos Humanos realça a importância da cooperação e do diálogo contínuos entre os Governos e as organizações não governamentais".

Foi como se uma neblina se dissolvesse e a paisagem se tornasse mais nítida. Margarida leu e releu aqueles trechos como se tivessem sido escritos para ela. Tudo fazia sentido. Não apenas o futuro dependia fortemente dos processos de formação e educação, como ela e os colegas de CJP vinham repetindo havia sete anos, como parecia fundamental estimular o trabalho da sociedade civil nessa área. Ainda eram poucas as organizações que haviam abraçado a causa dos Direitos Humanos – e menos ainda a Educação em Direitos Humanos – no Brasil. Havia as comissões ligadas às igrejas e pastorais, os poucos núcleos de estudos e observatórios de Direitos Humanos vinculados às universidades, e, quando muito, as raras representações brasileiras de fundações e organismos internacionais, como a Anistia Internacional e a Fundação Ford.

Ao voltar ao Brasil, Margarida entendeu que era hora de se desligar formalmente da CJP, ajustar o manche e mergulhar de cabeça em um novo desafio: a construção de uma rede de organizações da sociedade civil dedicadas à Educação em Direitos Humanos. "A Rede quer ser um elo entre todos os que acreditam na justiça, na paz, na fraternidade e na solidariedade", escreveu Margarida num artigo para o jornal *O São Paulo*. "Um ponto de encontro, de reflexão, troca de ideias, de metodologias, na luta por um mundo mais justo e democrático".

A Rede Brasileira de Educação em Direitos Humanos (RBEDH) foi fundada em abril de 1995. Margarida foi sua primeira presidente; Maria Victoria Benevides, a primeira vice.

A mesma eficiência e a mesma capacidade de articulação que Margarida havia emprestado à CJP ao longo de vinte e dois anos, entre 1972 e 1994, estavam agora voltados para a Rede. Logo nos primeiros meses, foi com Antonio Carlos Fester, membro da CJP e da Rede, à casa de Paulo Freire, a fim de convidá-lo para ser conselheiro da entidade. Freire aceitou prontamente, e pôde desempenhar a função por pouco mais de um ano, até falecer, em abril de 1997. Ao longo de 1996, Margarida mapeou todas as organizações voltadas para a Educação em Direitos Humanos que havia no Brasil, com atuação quase sempre regional, e começou a construir os primeiros encontros entre elas. No início, reuniu representantes de São Paulo, Rio de Janeiro, Pernambuco, Paraná e Rio Grande do Sul para, juntas e juntos, elaborarem o estatuto da entidade. Também em 1996 foi feito o primeiro seminário organizado pela Rede, em parceria com a Secretaria de Justiça e Cidadania do Estado de São Paulo, chefiada por Belisário dos Santos Jr. O tema era preconceito. Ruth Cardoso, Milton Santos, Marilena Chaui, Dalmo Dallari, Nélida Piñon, Eugênio Bucci, Maria Rita Kehl e Lygia Fagundes Telles estiveram entre os conferencistas.

De 5 a 7 de maio de 1997, o salão nobre da Faculdade de Direito da USP foi sede do Primeiro Congresso Brasileiro de Educação em Direitos Humanos. Cerca de 1.200 pessoas vieram de dezessete Estados diferentes para assistir às conferências. Letícia Olguin veio da Costa Rica. Pérez Aguirre veio do Uruguai. Dom Paulo integrou a mesa de abertura ao lado de Margarida. José Gregori, então secretário nacional de Direitos Humanos, Belisário, na época secretário estadual de Justiça e Cidadania, e Jorge Werthein, representante da Unesco no Brasil, também estiveram nesse congresso. Sucederam-se diversos seminários, oficinas e publicações, em mais de uma dezena de cidades. A psicóloga Nazaré Tavares, vinculada ao Departamento de Serviço Social da Universidade Federal da Paraíba, a socióloga Maria Victória Benevides, da Faculdade de Educação da USP, Vera Candau, da PUC do Rio de Janeiro, Aldaíza Sposati, da PUC de São Paulo, Aída Monteiro, da Universidade Federal de Pernambuco, e Nair Bicalho, da Universidade de Brasília, foram algumas das primeiras e mais aguerridas articuladoras, assim como os companheiros João Ricardo Dornelles, no Rio, Solon Viola, no Rio Grande do Sul, e Antonio Carlos Fester, em São Paulo. Presidente da CJP ao longo de toda a segunda metade dos anos 1990, Antonio Funari Filho também aderiu à Rede.

Desde sua fundação, a Rede preencheu uma lacuna que Margarida conseguira perceber no âmbito da militância dos Direitos Humanos no Brasil: a ausência de uma entidade de atuação nacional que congregasse conhecimento e capacidade operacional para elaborar projetos, ministrar cursos e prestar consultoria sobre Educação em Direitos Humanos. Por extensão, a Rede acabou influenciando a formulação das principais políticas públicas relacionadas à Educação em Direitos Humanos que surgiram a partir de sua fundação. Quando o Governo Federal, por meio da Secretaria de Direitos Humanos da Presidência da República, decidiu criar o Prêmio de Direitos Humanos, a ser entregue anualmente no aniversário da Declaração Universal dos Direitos Humanos (10 de dezembro), Margarida foi chamada a integrar a comissão de seleção, desde a primeira edição, em 1995. Quando, no ano seguinte, o presidente Fernando Henrique Cardoso e o então ministro da Justiça Nelson Jobim firmaram o decreto que instituiu o primeiro Programa Nacional de Direitos Humanos, a atuação da Rede foi fundamental para que o aspecto educativo ganhasse protagonismo.

A palavra educação aparece dezesseis vezes ao longo do decreto, nos diferentes eixos temáticos. O tema Educação em Direitos Humanos, aliás, ganha destaque no texto introdutório, que explica e justifica o programa que será apresentado em seguida. "Serão abordados os entraves à cidadania plena, que levam à violação sistemática dos direitos, visando a proteger o direito à vida e à integridade física; o direito à liberdade; o direito à igualdade perante a lei", diz o texto. "O programa contempla, igualmente, iniciativas que fortalecem a atuação das organizações da sociedade civil, para a criação e consolidação de uma cultura de Direitos Humanos. Nada melhor para atingir esse objetivo do que atribuir a essas organizações uma responsabilidade clara na promoção dos Direitos

Humanos, especialmente nas iniciativas voltadas para a educação e a formação da cidadania". Também os parâmetros curriculares, instituídos em 1997 pelo Ministério da Educação, propuseram a "educação para a cidadania" entre os temas transversais.

No final de 2002, às vésperas da posse de Luiz Inácio Lula da Silva na Presidência da República, foi divulgada uma boa notícia para os que militam em favor dos Direitos Humanos: a secretaria especial dedicada ao tema ganharia status de ministério no novo Governo. Seu primeiro titular seria o deputado federal Nilmário Miranda. Em 10 de dezembro daquele ano, com seu nome já anunciado, Nilmário aproveitou a presença de muitas autoridades do campo dos Direitos Humanos, que tinham ido a Brasília para prestigiar a entrega do Prêmio de Direitos Humanos, e reuniu alguns deles para fazer uma consulta. A todos, repetiu a mesma pergunta:

— Na sua opinião, qual deveria ser nossa prioridade nos próximos quatro anos?

Segundo ele, a resposta de Margarida, decana entre todas as pessoas perguntadas, foi taxativa:

— Educação em Direitos Humanos.

Nilmário montou um grupo de trabalho com assessores do Ministério da Educação e representantes da sociedade civil, encabeçados por Margarida, a fim de elaborar o que viria a ser o Plano Nacional de Educação em Direitos Humanos. Concebê-lo era uma meta do Governo Lula e, principalmente, um compromisso firmado em âmbito internacional desde a Conferência de Viena, de 1993. Na ocasião, os países signatários haviam se comprometido a instituir um plano com esse caráter num prazo máximo de dez anos. O Brasil era um desses países. E o prazo iria se esgotar já em 2003, o primeiro ano do novo Governo. Houve debates no Brasil inteiro, em quase todos os Estados. Ao cabo de alguns meses, sempre com a participação da Rede, foi possível consolidar o conteúdo de cada eixo – Educação Básica, Ensino Universitário, Educação não formal, operadores de segurança pública e mídia – e aprovar o programa dentro do prazo. "Sem Margarida, não existiria Educação em Direitos Humanos no currículo brasileiro", resume Letícia Olguin.

A partir do Plano Nacional de Educação em Direitos Humanos, o tema se tornou finalmente uma política de governo, com vistas a se transformar em política de Estado. Em 2009, um novo passo, ainda mais largo, seria dado com a promulgação do Terceiro Programa Nacional de Direitos Humanos, o PNDH-3, elaborado sob a condução do então ministro dos Direitos Humanos Paulo Vannuchi. Ali, dos cinco eixos orientadores entre os quais foram distribuídas vinte e cinco diretrizes, um deles foi integralmente dedicado à Educação em Direitos Humanos, com cinco diretrizes específicas. "A educação e a cultura em Direitos Humanos visam à formação de nova mentalidade coletiva para o exercício da solidariedade, do respeito às diversidades e da tolerância", afirma o texto que introduz o referido eixo. "Como processo sistemático e multidimensional que orienta a formação do sujeito de direitos, seu objetivo é combater o preconceito, a discriminação e a violência, promovendo a adoção de novos valores de liberdade, justiça e igualdade."

E ainda:

"A educação em Direitos Humanos, como canal estratégico capaz de produzir uma sociedade igualitária, extrapola o direito à educação permanente e de qualidade. Trata-se de mecanismo que articula, entre outros elementos:

> a) a apreensão de conhecimentos historicamente construídos sobre Direitos Humanos e a sua relação com os contextos internacional, regional, nacional e local;
>
> b) a afirmação de valores, atitudes e práticas sociais que expressem a cultura dos Direitos Humanos em todos os espaços da sociedade;
>
> c) a formação de consciência cidadã capaz de se fazer presente nos níveis cognitivo, social, ético e político;
>
> d) o desenvolvimento de processos metodológicos participativos e de construção coletiva, utilizando linguagens e materiais didáticos contextualizados;
>
> e) o fortalecimento de políticas que gerem ações e instrumentos em favor da promoção, da proteção e da defesa dos Direitos Humanos, bem como da reparação das violações."

Terminada a primeira década do novo século, havia motivos para ter esperança. A Educação em Direitos Humanos havia avançado muitas casas.

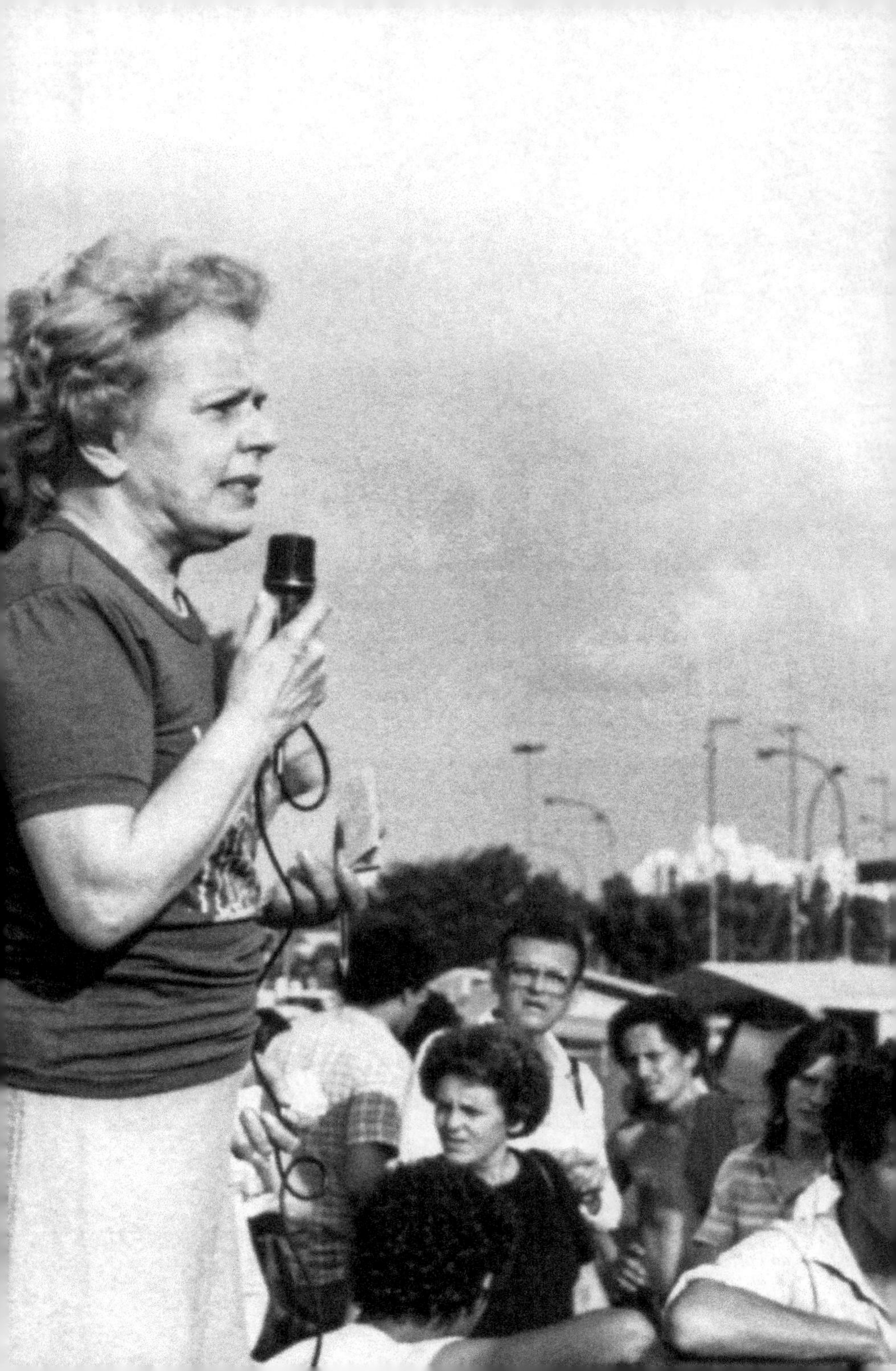

Margarida entrou para a Comissão Justiça e Paz em 1973. Acima, a sala na Cúria Metropolitana de São Paulo em que recebia perseguidos políticos e familiares de desaparecidos, entre outros. Abaixo, Teatro Municipal lotado durante o Tribunal Tiradentes, que julgou a Lei de Segurança Nacional, em 1983

Na página anterior, Margarida fala em público pela primeira vez, numa manifestação em frente ao estádio do Pacaembu

Mulher
São Paulo, 3 de abril de 1983

JUSTIÇA E PAZ: UMA MULHER NA PRESIDÊNCIA.

Após 10 anos de existência, a Comissão Justiça e Paz de São Paulo elegeu uma mulher para assumir sua presidência. Seu nome: Margarida Bulhões Pedreira Genevois, uma entre cinco mulheres que atuam numa comissão de 21 membros. Para ela, "cinco mulheres na CJP é um número significativo. É um exemplo da tomada de consciência de que o trabalho da libertação das mulheres só se dá na sua participação na luta conjunta dos homens e das mulheres por um mundo mais justo".

O ambiente de trabalho de Margarida não é o convencional da maioria das mulheres. Os posters colocados nas paredes de sua sala querem traduzir uma história de lutas que não cabe em tão pouco espaço: liberdade, anistia internacional, "South African Women unite against apartheid", libertação de padres e agricultores presos. Um mapa da grande São Paulo pendurado, muitos jornais sobre a mesa... e um solitário com uma rosa.

dizer quais dos problemas que hoje afligem a sociedade brasileira são mais urgentes. Para ela, "uns são causas, outros consequências de problemas mais profundos e mais amplos, ou mesmo provocados por um sistema desumano. O primordial é que haja participação de todos os segmentos da sociedade na solução de seus próprios problemas".

Mesmo assim, cita o salário mínimo, o desemprego e a falta de habitação como problemas graves, e destaca o problema do menor abandonado como sendo seríssimo no Brasil. "O problema do menor tem como causa principal a desagregação da família, consequência muitas vezes do desemprego ou do baixo salário do pai. Sem contar a falta de creches, de escolas, do horário mínimo de aulas que deixa o menor sem ter para onde ir em grande parte do dia, a falta de alimentação adequada que o torna raquítico, doente, sem disposição para o estudo, etc.,etc.."

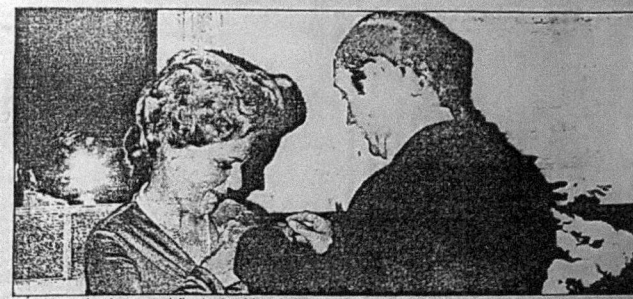

Em 1980, recebendo uma medalha do cônsul francês.

A Comissão Justiça e Paz comemora 10 anos, e agora uma mulher comanda a campanha pela revogação da Lei de Segurança Nacional.

nossas. O importante sempre, em todas as fases, é dar muito amor, é estar presente quando precisam. O mais difícil, e que custa mais, é aceitar, sem muita intervenção, que eles cometam os mesmos erros que já cometemos e que aprendemos com sofrimento; dói não se poder transdo trabalho mundial e recebem apenas 10% da renda e 1% da propriedade. O Código Civil é também altamente discriminatório. A jornada dupla de trabalho doméstico não partilhado é um peso muito importante que impede na maioria das vezes a afirmação da mulher como pessoa e a su

Margarida assumiu a presidência da Comissão em 1982, quando José Gregori se licenciou para concorrer a uma vaga na Câmara dos Deputados. Reconduzida em 1983, Margarida posa para a foto abaixo, em sua casa, com Dom Paulo (*ao centro*) e três ex-presidentes da CJP: Dalmo Dallari, José Carlos Dias e Marco Antônio Rodrigues Barbosa

Maior referência em sua vida – pessoal, espiritual e na militância pelos Direitos Humanos – Dom Paulo Evaristo Arns estabeleceu com Margarida uma relação de afeto, cumplicidade e confiança. Acima, bilhete que escreveu por ocasião da morte de seu marido, Lucien, em 1979. Ao lado, no aniversário de 80 anos dela, em 2013

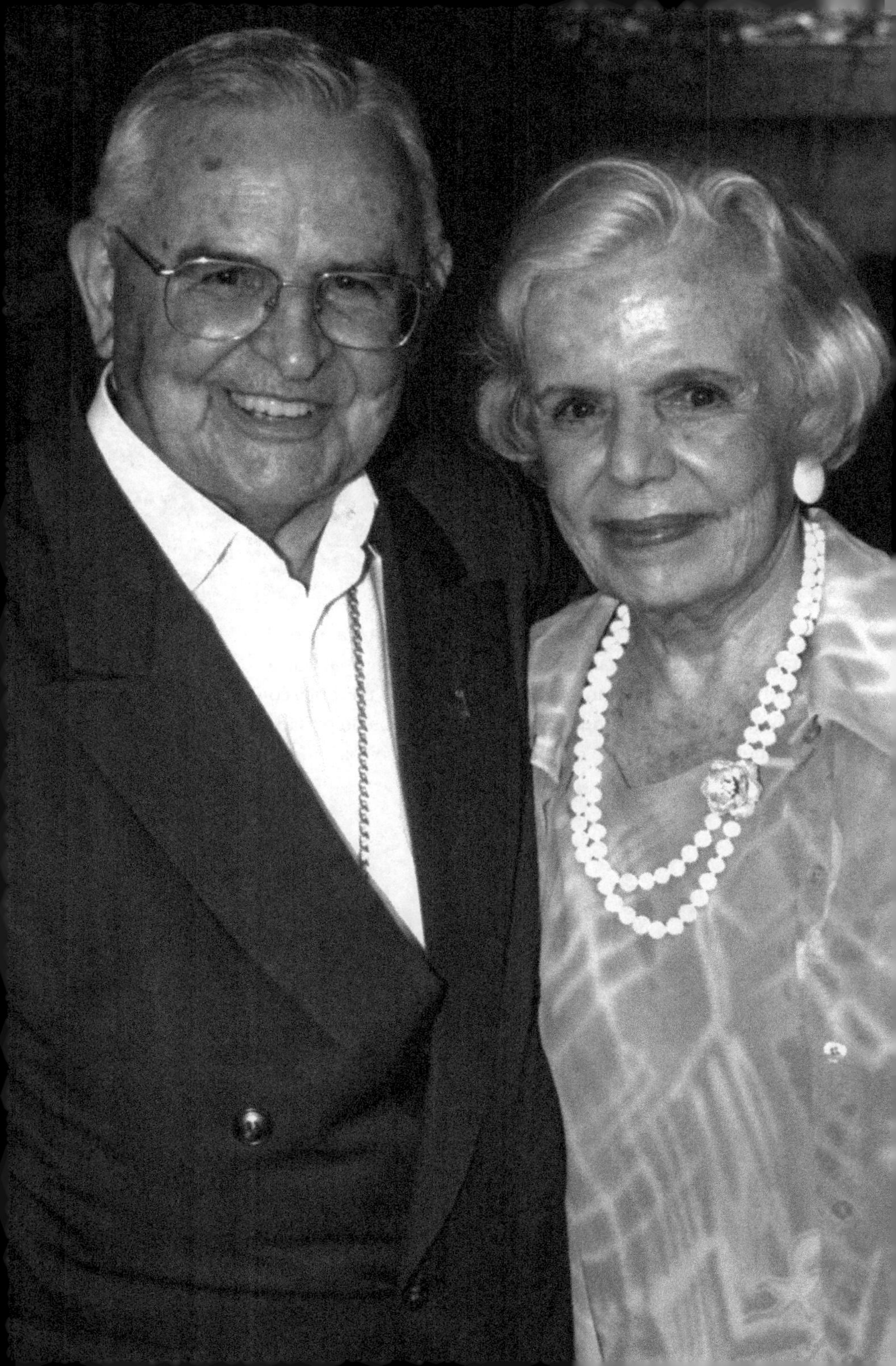

Margarida conheceu a realidade dos conflitos de terra na região do Araguaia em 1981, quando foi ao Pará para acompanhar o julgamento dos padres franceses Aristides Camio e Francisco Gouriou (abaixo), condenados a mais de dois anos de prisão por supostamente incitar o uso da violência por posseiros

Viagem a Serra Pelada, no Pará, representando a Comissão.
Solidariedade aos garimpeiros e suas famílias, em condições bastante
precárias após a desativação da lavra, em meados dos anos 1980

Após o assassinato, em 1986, do Padre Josimo, religioso de São Sebastião do Araguaia ligado à Teologia da Libertação, Margarida percorre a região com a antropóloga Regina de Toledo Sader e encontra lideranças como Francisca Graciana da Silva, a Dona Cota (*no alto*). Cartazes com fotos de Padre Josimo eram comuns nas casas

Em 1987, a presença de Margarida ajuda a evitar uma tragédia. Policiais por pouco não reprimiram com violência um grupo de lavradores e familiares disposto a fixar uma cruz em memória do massacre ocorrido no ano anterior na ponte mista de Marabá

GLOBAL FORUM OF SPIRITUAL AND
CHRIST CHURCH, O

Na Conferência Global de Líderes Religiosos e Parlamentares para a Sobrevivência Humana (1988), em Oxford, Margarida encontra-se com Dalai Lama e Irmã Dulce. A seu lado, o astrônomo Carl Sagan

NTARY LEADERS ON HUMAN SURVIVAL
IVERSITY APRIL 1988

Margarida visitou Cuba em mais de uma ocasião.
A primeira, quando conheceu o então presidente Fidel Castro, em 1985,
por ocasião de um encontro sobre a situação da mulher na América Latina e no Caribe

Margarida fez o próprio cartaz e marchou na Avenida Paulista em defesa da Nicarágua (*acima*). Uma de suas primeiras viagens internacionais pela CJP foi a Manágua, em 1984, em apoio ao governo popular que derrubara a ditadura de Somoza. Falou na catedral e foi recebida pelo padre Miguel D'Escoto, um dos líderes da Frente Sandinista e ministro das Relações Exteriores (*ao lado*)

ORANDO
Y
AYUNANDO
PAZ
POR LA PAZ
LA DEFENSA
DE LA VIDA
CONTRA EL
TERRORISMO

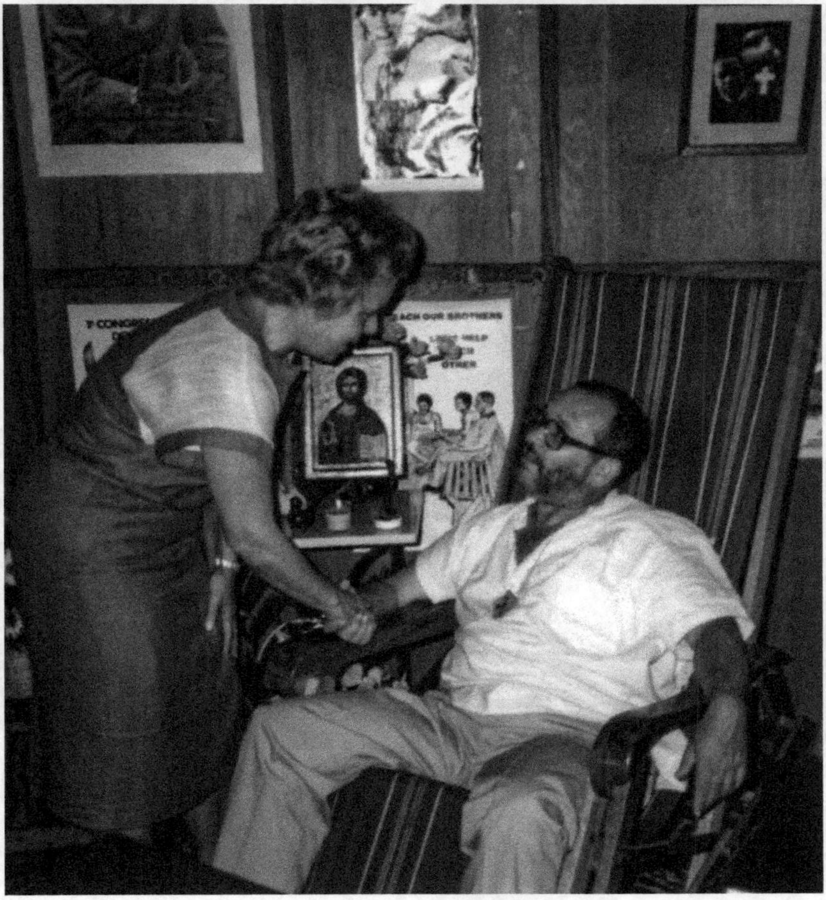

Em suas primeiras incursões à África, Margarida visitou a Namíbia...

...e Nairóbi, no Quênia, onde participou, em 1985, de um congresso internacional de mulheres da ONU, junto com a atriz Ruth Escobar

Jacquie Fabre (*de saia listrada*) e Henryane de Chaponay (*última à dir.*) coordenavam o Comitê Católico contra a Fome e pelo Desenvolvimento, que financiou diversas atividades da CJP. Tornaram-se muito amigas de Margarida nos anos 1970. Acima, as duas em Paris com o casal Stella e Chico Whitaker, Malu Genevois e Dom Paulo.
Abaixo, também em Paris, Margarida com Sonia Lins (*de preto*), Geneviève de Chaponay, a "Mammy", Jacquie, Malu e Lucien

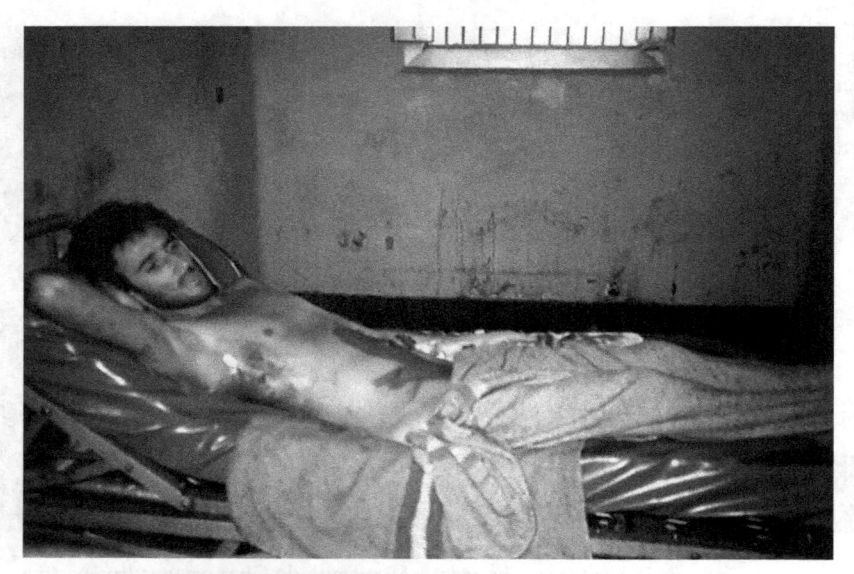

Em 1992, na maior chacina já registrada em São Paulo, 111 presos foram assassinados pela Polícia Militar durante invasão ao presídio do Carandiru. Margarida foi ao local dias após a chacina em nome da CJP. Tirou a foto acima, de um dos sobreviventes, e telefonou para o Secretário de Segurança Pública para relatar o que havia apurado e cobrar explicações

Na Casa de Custódia de Taubaté, com Antonio Candido, José Gregori, Severo Gomes e demais colegas da Comissão Teotônio Vilela. Abaixo, com a primeira-dama de São Paulo, Lila Egydio Martins, e o então presidente da Febem, João Benedicto de Azevedo Marques

Em 1995, no governo de
Fernando Henrique (*acima*),
Margarida voltou a integrar
o Conselho Nacional dos Direitos
da Mulher, então presidido
por Rosiska Darcy de Oliveira.
Ela já tinha sido conselheira
nos anos 1980 (*abaixo*)

Em maio de 1997, o salão nobre da Faculdade de Direito da USP foi sede do primeiro congresso da Rede Brasileira de Educação em Direitos Humanos, presidida por Margarida. No alto, mesa com Alfredo Bosi, Letícia Olguin e Pérez Aguirre. Acima, com Henry Sobel, Dom Paulo Evaristo Arns, Aguirre e Wagner d'Angelis

Em 2015, aos 92 anos, Margarida recebeu do cônsul da França a maior honraria que um estrangeiro pode receber do Estado francês: a insígnia de cavaleiro da Ordem Nacional da Legião de Honra

Por iniciativa do ex-vereador e então deputado federal Paulo Teixeira (*à esq.*), Margarida recebe o título de cidadã paulistana, entregue pelo vereador José Américo Dias (*à dir.*), em 2008, na Câmara Municipal

Margarida participou ativamente da elaboração do Plano Nacional de Educação em Direitos Humanos e esteve com o presidente Lula na cerimônia de lançamento, em 2006. Anos antes, em 2000, ela recebera das mãos de FHC o Prêmio Nacional de Direitos Humanos

Em 2019, agraciada com o Prêmio de Direitos Humanos Dom Paulo Evaristo Arns, conferido pela Prefeitura Municipal de São Paulo

Em 2010, a Corte Interamericana de Direitos Humanos condenou o Estado brasileiro pelos crimes de lesa-humanidade cometidos pela ditadura militar e por jamais ter julgado e punido os responsáveis. Margarida foi ao julgamento, na Costa Rica, solidária a familiares de mortos e desaparecidos, entre os quais Laura Petit, Suzana Lisbôa, Criméia Schmidt de Almeida e Amelinha Teles (*acima*). Na ocasião, encontrou velhos companheiros de luta que, agora, representavam o Governo do Brasil – e, por isso, estavam circunstancialmente na posição de adversários, como o ex-ministro José Gregori (*abaixo*)

Entre amigas e amigos queridos. No alto, Frei Betto faz a partilha dos pães e do vinho na festa de 80 anos de Margarida, em 2003. Abaixo, com Belisário dos Santos Jr (*à esq.*) e com Letícia Olguin (*à dir.*)

Com Dom Paulo Evaristo Arns e Maria Victoria de Mesquita Benevides, em sua casa (*acima*). Com Marco Antônio Rodrigues Barbosa, na entrega do título de cidadã paulistana (*à dir.*). E com José Gregori, na embaixada do Brasil em Lisboa (*abaixo*)

Com o jornalista Chico Pinheiro e Padre Júlio Lancellotti, da Pastoral do Povo da Rua (acima). Ao lado, com Paulo Vannuchi, então ministro dos Direitos Humanos, no lançamento do Plano Nacional de Educação em Direitos Humanos. Abaixo, com Ana Venis Moda, que trabalhou em sua casa, na fazenda da Rhodia, por mais de vinte anos, e "segurou o rojão" para que ela pudesse se envolver com tantas atividades

Em 2019, um grupo formado por ex-ministros de Estado e lideranças com reconhecida atuação na promoção da democracia no Brasil fundou a Comissão de Defesa dos Direitos Humanos Dom Paulo Evaristo Arns. Margarida tomou posse como presidente emérita em cerimônia na Sala dos Estudantes da Faculdade de Direito da USP

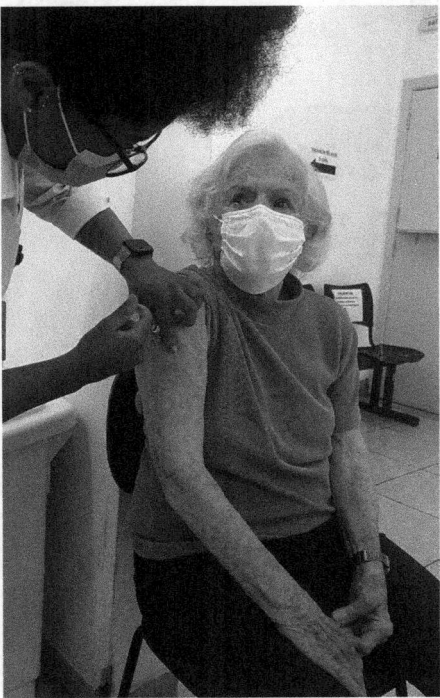

Zelosa em tempos de pandemia, Margarida se fechou em casa com as filhas Rose e Malu a partir de março de 2020. Saiu poucas vezes. Em novembro daquele ano, aos 97, pegou o título de eleitor e foi votar para prefeito e vereador – no primeiro e no segundo turnos (*acima*).
Foto de Douglas Mansur.
Ao lado, em fevereiro de 2021, tomou a primeira dose da vacina contra a Covid-19

Na página seguinte, aos 98 anos, Margarida veste-se em homenagem à família Petit e à luta por memória e justiça

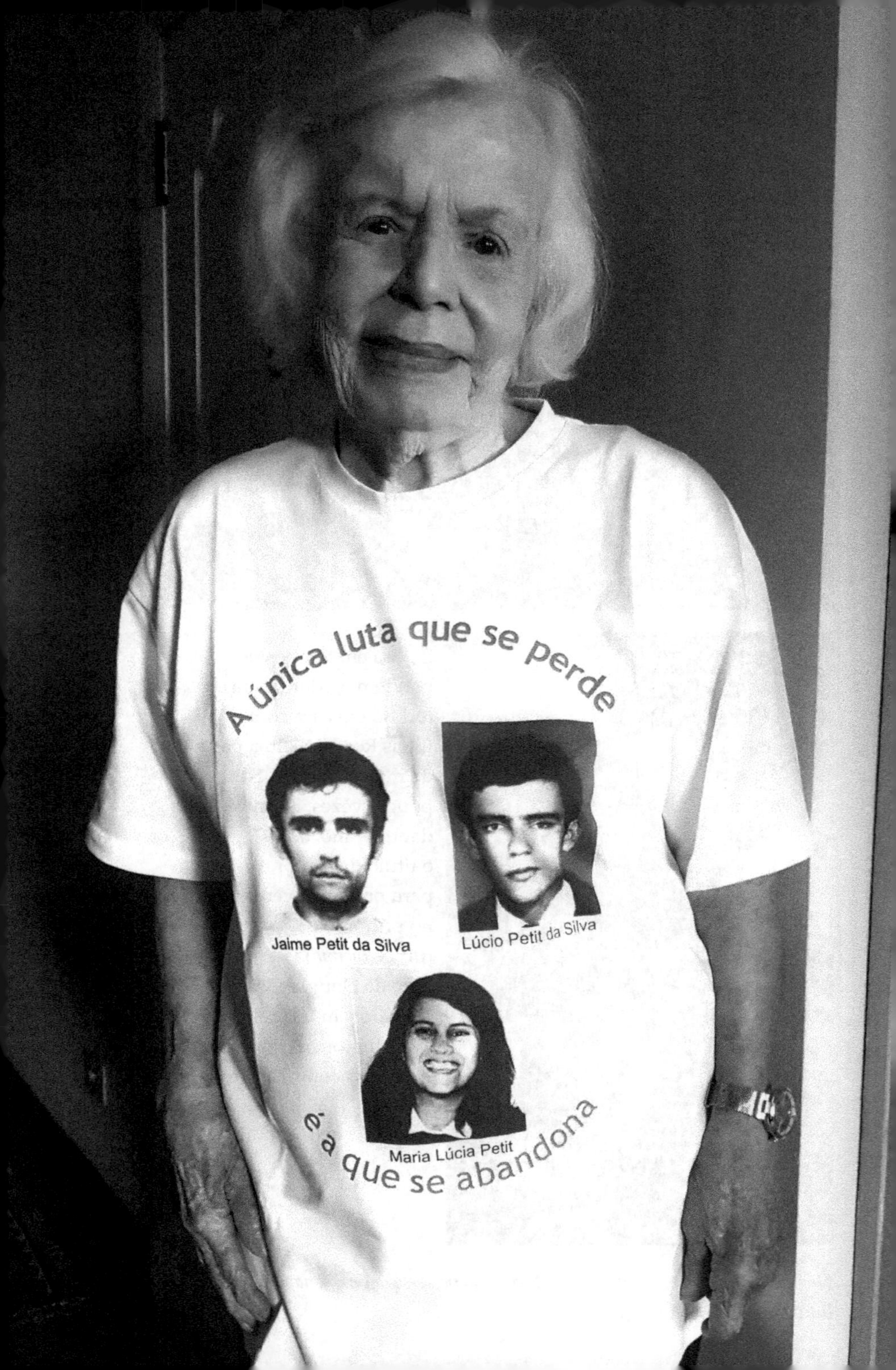

A única luta que se perde é a que se abandona

Jaime Petit da Silva
Lúcio Petit da Silva
Maria Lúcia Petit

16
De esperança em esperança

A REDE BRASILEIRA DE EDUCAÇÃO EM DIREITOS HUMANOS não foi a única rede que Margarida teceu. Nem sequer a mais exitosa. Houve uma segunda rede, maior e mais potente, igualmente trançada no bilro ágil e competente de Margarida ao longo desses quase cem anos de indignação e coragem. Trata-se da rede brasileira da esperança, uma rede independente, multidisciplinar, extraoficial e profundamente humana.

Trabalho coletivo, a rede da esperança vem sendo bordada a muitas mãos, de forma ininterrupta, por gente que sequer foi consultada sobre sua adesão. Alguns são rendeiros notórios, muitos dos quais já nos deixaram. Dom Paulo, Santo Dias, Chico Mendes, Irmã Dorothy, Dom Helder e Dom Pedro, Jaime Wright e Henry Sobel, Betinho e Henfil, Margarida Alves e Madre Cristina, os padres Josimo, Roberto e Ticão, Audálio Dantas e Hélio Pellegrino, Paul Singer, Flávio di Giorgi, Antonio Candido, Alfredo e Ecléa Bosi, Sigmaringa Seixas, Antônio Carlos Malheiros, Zilah e Perseu Abramo. Além desses, há dezenas, quiçá centenas, de heróis e heroínas anônimas, que fazem da trama do bilro seu ar e seu pão, cada qual com sua linha, sua renda, seu carisma e sua inspiração.

Na rede brasileira da esperança, Margarida se enreda e se aquece. Percorre a memória em busca de nomes, episódios, ocasiões. Alguns lhe escapam, depois voltam.

São homens e mulheres imprescindíveis, como Marielle Franco e Padre Júlio. Uma liderança do Tocantins, tão cotada na época, qual era mesmo o nome dela? Dona Raimunda Gomes da Silva, quebradeira de coco de babaçu. Quem mais? Carmen Silva, da ocupação Nove de Julho, e a filha Preta, trabalhadoras sem teto. Preta Ferreira e Edinalva Franco Ferreira, presas em 2018 no país do arbítrio e da opressão, receberam a visita de Margarida, Maria Victoria e Maria Hermínia Tavares de Almeida, as três representando a Comissão Arns, no presídio feminino de Santana. Heroínas, todas elas, algumas quase esquecidas, principalmente as mulheres.

Em 2005, o nome de Margarida foi incluído na lista "1.000 Mulheres para o Nobel da Paz", um audacioso projeto construído por um conjunto de entidades feministas de 150 países e que visava não somente a sugerir nomes, mas, principalmente, a protestar contra o baixo número de mulheres premiadas ao longo de toda a história do Nobel: apenas 5% dos homenageados no século XX eram do sexo feminino. Das mil mulheres indicadas na ocasião, 52 eram brasileiras, Margarida entre elas. "Margarida Genevois ainda marca presença em todos os lugares em que os

Direitos Humanos são desrespeitados", diz o texto em inglês, publicado no catálogo geral do projeto, ao lado de uma foto de Bob Wolfeson. "Gentil, mas firme, ela ainda acredita que os seres humanos podem ser mudados", acrescenta o perfil.

Acreditar na mudança dos homens e mulheres é fermento na massa, é grão de mostarda cultivado em campo fértil. Acreditar nessa mudança é dar tratos à esperança. Margarida é useira e vezeira nessa cachaça. E atribui o vício a Dom Paulo, de quem sente muita saudade. "Dom Paulo era, para nós, um pai, um mestre, um amigo e um guia", ela escreveu, no final de 2019, num artigo publicado no site da Comissão Arns. "Sempre que se despedia, dava um tapinha nas costas e dizia: 'Coragem!' Com esta palavra, parecia que uma corrente de energia positiva passava para nós, nos tornava mais fortes. Era o seu jeito de nos manter animados e cheios de esperança". Dom Paulo foi professor de esperança, o melhor de todos. "De esperança em esperança", era o seu lema. "Na esperança, sempre".

Margarida sente falta das palavras de Dom Paulo e também de sua presença, de sua amizade, e até dos cartões que ele enviava para sua casa ou deixava em sua mesa depois de rabiscar algumas palavras, quase sempre apressadamente, em letra cursiva. Até nos bilhetes que redigia, Dom Paulo sabia acolher e estimular. "Dona Margarida: Paz e Bem! Li o relatório", ele respondeu num desses cartões. "É realmente sucinto para quem vê a CJP todos os dias em ação. Mas é transparente e convincente. Creio que deve ficar assim mesmo. Só teria pena se não fosse vertido para o francês e o inglês. Boa viagem. Saudações aos amigos. Dom Paulo Evaristo". Foi por meio de um desses cartões que o cardeal expressou seus sentimentos pela passagem de Lucien, em outubro de 1979. "Bondosa Dona Margarida, a notícia da partida de seu marido acaba de chegar-me", escreveu. "Desde a primeira hora, quisera estar a seu lado, assim como a senhora estava ao lado dos que sofreram provas semelhantes ao longo de tantos anos. Como seu pai espiritual e amigo, preciso dizer-lhe que a nova fase da vida terá outras riquezas e outras promessas de Deus". Mais uma vez, o desalento se convertia em coragem e esperança. Bola pra frente, há muito ainda por fazer.

Margarida tornou-se cidadã paulistana em setembro de 2008, por iniciativa do vereador Paulo Teixeira. Eleito deputado federal em 2006, Paulo Teixeira migrara do Palácio Anchieta para o Congresso Nacional antes da cerimônia, mas, naquele dia, voltou a São Paulo para lhe entregar o diploma.

Em maio de 2015, aos 92 anos, Margarida recebeu do cônsul da França a maior honraria que um estrangeiro pode receber do Estado francês: a insígnia de cavaleiro da Ordem Nacional da Legião da Honra (*Ordre National de la Légion d'Honneur*). Foi uma noite muito significativa para Margarida, que crescera sob forte influência da cultura francesa. Margarida lembra-se de ver o pai chorar uma única vez: no dia em que ouviu no rádio a notícia de que Paris caíra perante as tropas de Hitler, em 1940. Estudara em colégios de freiras francesas, casara-se com um engenheiro de Lyon e, em grande parte de sua vida adulta, visitara a França a cada dois anos. A grande heroína de sua juventude tinha sido Joana D'Arc. Os livros que mais marcaram sua adolescência, entre os 14 e os 15 anos, foram os muitos volumes escritos por Romain Rolland tendo como protagonista o jovem músico Jean Christophe. "Ele marcou profundamente minha vida por seu idealismo e pela recusa da mediocridade", Margarida assinalou, num discurso de quase quinze minutos, lido em francês. Caminhando para a conclusão, transformou a tribuna em palanque e ofereceu uma amostra de sua pedagogia. "As leis, por si só, não serão suficientes para criar uma sociedade democrática, justa, que respeite os Direitos Humanos", afirmou. "É preciso transformar os corações e os hábitos cotidianos. Nos apelidaram de cavaleiros da utopia, e somos muito orgulhosos desse título. A vida não vale a pena ser vivida se não tivermos uma utopia".

Em novembro de 2019, a seção paulista da Ordem dos Advogados do Brasil foi o cenário de mais um reconhecimento ao trabalho de Margarida. Ao agradecer o prêmio Franz de Castro Holzwarth de Direitos Humanos, Margarida leu um trecho do livro *Solo de clarineta*, o relato autobiográfico do escritor gaúcho Erico Veríssimo. "O menos que um escritor pode fazer, numa época de atrocidades e injustiças como a nossa, é acender a sua lâmpada sobre a realidade de seu mundo, evitando que sobre ele caia a escuridão, propícia aos ladrões, aos assassinos e aos tiranos", dizia o texto. "Sim, segurar a lâmpada, a despeito da náusea e do horror. Se não tivermos uma lâmpada elétrica, acendamos o nosso toco de vela ou, em último caso, risquemos fósforos repetidamente, como um sinal de que não desertamos nosso posto". Margarida assumia para si aquela mensagem e, mais importante, aquele pacto de manter-se vigilante, acendendo, um após o outro, todos os fósforos que houver. "Continuemos a acender nossos fósforos para que, em benefício de todos, a democracia floresça", Margarida arrematou.

Nem por um segundo Margarida poderia adivinhar as nuvens que avançariam sobre o céu do Brasil em 2020. Nem o quanto aqueles fósforos seriam necessários.

Quis o destino que o período de elaboração desta biografia, um primeiro livro dedicado a alinhavar a trajetória e as muitas contribuições de Margarida para a pauta dos Direitos Humanos, coincidisse com a longa temporada de recolhimento deflagrada por uma pandemia avassaladora, uma quarentena interminável – uma "infinitena", conforme a expressão gaiata difundida nas redes sociais. Margarida não se dobrou. Aproveitou o período recluso para organizar sua biblioteca, doar parte de seu acervo e separar pilhas de documentos e fotografias que, semanalmente, embalariam nossos encontros e orientariam seus depoimentos.

De uma coisa, acima de todas as outras, Margarida sentia muita falta nesse período: receber amigas e amigos em casa. O sentimento era recíproco. "Muitos projetos realizados pela Comissão Justiça e Paz nasceram ao redor da mesa de jantar de Margarida", contou Marco Antônio Rodrigues Barbosa numa de nossas conversas. "Margarida é uma excelente anfitriã, gosta de deixar seus convidados à vontade, e prepara pratos deliciosos", destacou Belisário dos Santos Jr.

Em março de 2021, Margarida completou 98 anos. Lamentou o distanciamento mais do que lamentara nos meses anteriores. Coisa chata fazer aniversário assim, sem receber ninguém nem poder abraçar. A comemoração foi doméstica, somente com os três filhos – Bernard viera de Recife para passar a semana. Almoçaram filé mignon com aspargos, beberam vinho. Na impossibilidade de qualquer contato mais próximo, muitas amigas e amigos enviaram mensagens de vídeo para cumprimentá-la. "Conhecer você foi conhecer a sua dedicação, a sua consistência, a sua presença na luta dos Direitos Humanos, na linha de frente, nos campos mais difíceis", registrou Paulo Sérgio Pinheiro, de Genebra. "Recordando nossa amizade, que começou em 1986, penso que tivemos a alegria de integrar nossas famílias e amigos, e pensar sobre o futuro de nossos respectivos países com educação e Direitos Humanos", comentou Letícia Olguin, de La Plata, na Argentina. "Você sempre me fascinou pelo seu carinho e pela sua firmeza", anotou Fábio Konder Comparato. "Quando nós, na Comissão, tínhamos alguma dúvida séria, nós pensávamos imediatamente em consultar você. Porque você tem essa capacidade extraordinária de descobrir o que está nos nossos corações".

Amelinha Teles se lembrou do dia em que as duas se conheceram, quase cinquenta anos atrás: "Você é uma pessoa muito linda e eu te admiro muito, desde o dia em que eu te conheci. Foi na Cúria Metropolitana, onde funcionava a Comissão Justiça e Paz, e você me chamou. Você me ofereceu uma cadeira, me ofereceu água, me ofereceu café, e me perguntou se eu estava disposta a dar um depoimento sobre minha prisão e a prisão das minhas crianças. Eu falei. Você me escutou muito atentamente. Você me ofereceu mais um copo de água e disse: 'Nunca deixe de denunciar a tortura; só assim nós poderemos, um dia, erradicar a tortura no mundo'. Isso me orientou para o resto da minha vida, porque nunca deixei de denunciar a tortura".

Maria Victoria Benevides gravou o que me pareceu a fala mais saborosa daquele dia: "Margarida várias vezes se surpreende por ter chegado aos 98 anos. E indaga: o que será que Deus ainda quer de mim? Eu acho que sei. Ele quer que você continue a ser a inspiração, o norte de todos nós nas lutas pela democracia, pelos Direitos Humanos, pela Educação em Direitos Humanos. Com a coragem, o entusiasmo, a presença lúcida e luminosa, importantíssima nesses tristes tempos que todos vivemos. Viva Margarida, minha queridíssima amiga do coração".

Margarida tem feito exatamente isso: inspirado e norteado. Na Rede Brasileira de Educação em Direitos Humanos, reativada durante a pandemia. Na Comissão de Defesa dos Direitos Humanos Dom Paulo Evaristo Arns, em que é presidente de honra. Em artigos publicados na imprensa, assinados por ela juntamente com ativistas, juristas ou outros intelectuais, por meio dos quais Margarida manifesta sua indignação em relação ao atual governo e cobra iniciativas capazes de estancar o genocídio, o desmatamento, o avanço da fome e a escalada do desemprego.

Margarida sabe que toda indignação é fértil, porque convoca para a luta e instiga à transformação. Ela aprendeu com Santo Agostinho que a esperança tem duas filhas lindas: a indignação e a coragem. A indignação nos ensina a não aceitar as coisas como estão; e a coragem, a mudá-las, conforme a sentença atribuída ao teólogo da Idade Média que revolucionou o pensamento cristão.

Em quase um século de luta pelos Direitos Humanos, Margarida é tudo isso, sem tirar nem pôr: indignação, coragem e esperança.

Receita de Margaridão

— Você já provou um doce que a Margarida faz, todo amarelo, de ovos?

Belisário falava com conhecimento de causa, ciente do inestimável valor daquela dica. Respondi que não, decepcionado, e pedi detalhes.

— Ah, você tem que provar! É uma coisa maravilhosa, um manjar dos deuses.

Meus ouvidos salivaram, se é que é possível aos ouvidos o ofício da salivação.

— Conta mais.

— Tem o formato de um pudim, mas é diferente. É feito com ovos – Belisário também salivava.

Busquei referências no meu discreto repertório gastronômico e arrisquei, já com a sensação de cometer uma heresia:

— Tipo um quindão?

— Não é um quindão, é outra coisa, dourada na superfície... Lá em casa, nós copiamos a receita e ele ficou conhecido como Margaridão. Feito pela Margarida, é melhor ainda.

Tive de pedir a receita, que Margarida herdou de sua mãe. Quando, finalmente, pude experimentar, entendi o entusiasmo de Belisário:

— Camilo, acho que seu livro tem a obrigação de incluir a receita do Margaridão.

Ingredientes

18 gemas
1 clara
500 gramas de açúcar
400 ml (2 vidrinhos) de leite de coco (de preferência, feito em casa)
50 gramas de manteiga derretida

Modo de preparo

Derreta a manteiga, sem permitir que ela fique queimada, e deixe esfriar.

Enquanto isso, bata ligeiramente as gemas e a clara no liquidificador e reserve.

Volte a mistura das gemas com a clara ao liquidificador, passando por uma peneira.

Bata com o açúcar, os dois vidros de leite de coco e a manteiga derretida, agora fria.

Leve ao forno em uma forma grande, em banho-maria, até dourar.

Retire da forma sobre um prato grande, de vidro ou cerâmica.

Leve à geladeira e espere esfriar antes de servir.

Agradecimentos e considerações

Foi Marco Antônio Rodrigues Barbosa quem primeiro me falou sobre a ideia de biografar Margarida. Havíamos acabado de sair do Tucarena, na PUC, após a entrega do 41º Prêmio Vladimir Herzog, na noite de 11 de outubro de 2019. A conversa era também uma consulta e o convite. "Você topa fazer?", ele me perguntou. Meus olhos devem ter brilhado, como costuma acontecer quando milhões de sinapses, de supetão, aprontam de esboçar, em poucos segundos, uma primeira coleção de episódios e imagens, já prevendo as entrevistas, os arquivos a consultar, os temas que não poderiam ficar de fora. Ponderei que havia nomes mais indicados do que o meu: dezenas de jornalistas mais experientes, que acompanharam de perto, e até de dentro, a história da Comissão Justiça e Paz de São Paulo e que teriam maior proximidade com Margarida, uma pessoa que, até aquele momento, eu conhecia apenas de nome e de vista. Marco Antônio me respondeu, sorrindo, que não tinha sido essa a pergunta que ele havia feito. "Vê com a Margarida se não tem alguém que ela prefira", comentei. "Se não tiver, conta comigo. Será uma honra". Só posso agradecer ao Marco Antônio por aquela primeira abordagem.

Soube, semanas depois, que a ideia da biografia não tinha sido um rompante, surgido naquela noite, enquanto caminhávamos em direção a uma pizzaria em Perdizes. Marco Antônio vinha amadurecendo o projeto em conversas com Maria Victoria Benevides, companheira de tantos anos nas fileiras da CJP, e com André Liberali, seu colega nos grupos de oração orientados pelo Frei Betto. Em fevereiro de 2020, Maria Victoria levou Margarida ao restaurante onde lancei o livro *Marisa Letícia Lula da Silva*. Pegaram fila, a despeito dos 96 anos de Margarida na ocasião (o que quase me matou de vergonha), e me deram a honra de autografar seus exemplares, enquanto trocávamos breves palavras. Três dias depois, Marco Antônio me ligou dizendo que Margarida já tinha lido a biografia e que deveríamos almoçar juntos, os quatro: ele, Margarida, Maria Victoria e eu. Em março, saí daquele almoço com a primeira entrevista agendada com minha biografada. E também com o contato do André para uma primeira conversa. Era hora de arregaçar as mangas. Meu afetuoso agradecimento a Maria Victoria e ao André por caminharmos juntos.

Margarida resistiu por algum tempo à ideia de narrar suas memórias. Que coisa sem sentido ficar falando de si, ela pensava. Para quê? Temia que nosso esforço resultasse num livro cabotino, um autoelogio sem propósito. Aos poucos, foi sendo convencida, primeiro por Marco Antônio e Maria Victoria, em seguida em conversas com outros parceiros de longa data, como Frei Betto, Belisário dos Santos Jr. e Ricardo Kotscho.

Enquanto a entrevistava, Margarida dividiu comigo suas preocupações e falou de suas expectativas. O livro deveria contar, também, a história das lutas às quais ela se somou, em defesa da vida e da dignidade humana, pontuou. Também deveria valorizar a participação dos protagonistas dessas lutas: gente que resistiu, que salvou vidas, e que Margarida chama de "heróis esquecidos". Finalmente, o livro deveria servir para alguma coisa, não apenas como registro histórico, mas como inspiração para o engajamento na defesa dos Direitos Humanos, ainda hoje sua maior bandeira. Afinal, ela diz, o racismo está aí, estrutural, genocida; o machismo segue avassalador; a violência de Estado, a fome, a desigualdade, a exclusão... São tantas as garantias fundamentais vilipendiadas que Margarida não poderia se dar ao luxo de narrar suas memórias para um livro que não fosse, ele mesmo, parte da mudança que se busca. "Se tiver muitas fotos, melhor ainda", ela sugeriu. "As pessoas gostam de fotos". Espero ter correspondido às expectativas.

Este livro contou com o apoio solidário de três dezenas de amigos e admiradores de Margarida, que ajudaram a custear as diferentes etapas de produção, das primeiras pesquisas à impressão da tiragem inicial. Foram mais de vinte entrevistas com Margarida e uma dezena de outras, com pessoas que fizeram parte de sua caminhada. Agradecemos a generosidade de cada uma e de cada um de vocês:

Patrocinadores master:
Família Genevois
Fábio Konder Comparato
Marco Antônio Rodrigues Barbosa
Paulo Vannuchi e Maria Beatriz Costa Carvalho Vannuchi

Patrocinadores:
Celso Lafer
Claudineu de Melo
José Carlos Dias
Maria Victoria de Mesquita Benevides

Apoiadores:
Angela Castello Branco Mariz de Oliveira
Antonio Carlos Malheiros (*in memorian*)
Belisário dos Santos Jr.
Bernardo Kucinski
Carlos Alberto Proença
Ernandi Octavio Cavalcanti de Faria
Eugênio Bucci e Maria Paula Dallari Bucci
Fernanda Liberali e André Liberali
Frei Betto
Geraldo Majela Pessoa Tardelli
Grupo de Oração Grão
Hélio Carreiro de Mello
Luiz Armando Badin

Luiz Carlos Bresser-Pereira
Marcia Jaime
Maria Auxiliadora Arantes
Maria Luiza Bierrenbach
Maria Nazaré Tavares Zenaide
Ricardo Barbosa

Agradeço, ainda, às entrevistadas e aos entrevistados que muito auxiliaram na construção desta história, e assumo, constrangido, o risco de deixar escapar algum nome: Ana Maria Sad, Azor Cândido, Belisário dos Santos Jr., Bernardo Kucinski, Frei Betto, João Benedicto de Azevedo Marques, Letícia Olguin, Maria Ignês Bierrenbach, Maria Nazaré Tavares Zenaide, Paulo Sérgio Pinheiro, Ricardo Kotscho, Sônia Maria Haas, além de Maria Victoria e Marco Antônio, orientadores e conselheiros nesta jornada.

Ao longo desses meses de pesquisa e redação, tive a oportunidade de ler ou entreouvir, muitas vezes de passagem, lembranças e comentários que contribuíram para o feitio desse livro. Foram colaborações indiretas, às vezes num e-mail, numa conversa, numa *live* ou numa troca de mensagens, de gente como Dom Angélico Sândalo Bernardino e Padre Júlio Lancellotti, José Carlos Dias e Antonio Carlos Fester, Maria Luiza Bierrenbach e Ricardo Carvalho, Amelinha Teles e Fábio Konder Comparato, Paulo Teixeira e Rogério Sottili. Muito obrigado a vocês.

Bob Wolfenson nos cedeu a bela fotografia da capa. Douglas Mansur, algumas das imagens usadas nessas páginas. Minha admiração e meu agradecimento.

Obrigado à Julia Catão Dias, que transcreveu quase todas as entrevistas. Obrigado, ainda, à confiança e à leitura atenta de Malu e Rose, sempre por perto. Obrigado aos amigos e às amigas que leram este livro, ainda manuscrito, e fizeram os primeiros apontamentos e sugestões: Marco Antônio, Maria Victoria, André e Fernanda Liberali, Letícia Olguin, Frei Betto. Obrigado aos editores Joana Monteleone e Haroldo Ceravolo Sereza, pela parceria e pela perseverança nesta vida entre livros.

Sobretudo, meu eterno agradecimento a Margarida, por me receber, por abrir seus arquivos e compartilhar comigo tantas memórias, pela saborosa companhia, pela paciência e por me conceder a dádiva de registrar essa história.

Bibliografia consultada

ALDIGHIERI, Mário. *Josimo: a terra, a vida*. São Paulo: Loyola, 1993.

ARNS, Dom Paulo Evaristo. *Da esperança à utopia*: testemunho de uma vida. Rio de Janeiro: Sextante, 2001.

ARQUIDIOCESE DE SÃO PAULO. *Brasil: nunca mais*. 3ª edição. Petrópolis: Vozes, 1985.

BENEVIDES, Maria Victoria de Mesquita. *Fé na luta*: a Comissão Justiça e Paz de São Paulo, da ditadura à democratização. São Paulo: Lettera.doc, 2009.

BEZERRA, Maria do Socorro Soares. *Ecos e silenciamentos na luta do Padre Josimo junto aos movimentos sociais da região do Bico do Papagaio-TO na década de 1980*. Dissertação de mestrado. UFPB, João Pessoa, 2013.

BETTO, Frei. *Paraíso perdido*: viagens ao mundo socialista. Rio de Janeiro: Rocco, 2015.

BRASIL. Secretaria Especial de Direitos Humanos. Comissão Especial sobre Mortos e Desaparecidos Políticos. *Direito à memória e à verdade*. Brasília, 2007.

CAMARGO, Cândido Procópio Ferreira de et al. *São Paulo 1975: crescimento e pobreza*. São Paulo: Loyola, 1976.

CANCIAN, Renato. *Comissão Justiça e Paz de São Paulo*: gênese e atuação política (1972-1985). São Carlos: EdUFSCar, 2005.

CARVALHO, Ricardo. *O cardeal da resistência*: as muitas vidas de Dom Paulo Evaristo Arns. São Paulo: Instituto Vladimir Herzog, 2013.

COMISSÃO JUSTIÇA E PAZ. *Direitos Humanos e...* São Paulo: Brasiliense, 1989.

_____. *Pela revogação da Lei de Segurança Nacional*. São Paulo, 1982.

_____. *Pena de Morte*. Coleção Princípios de Justiça e Paz. São Paulo, 1991.

_____. *Tribunal Tiradentes*: o julgamento da Lei de Segurança Nacional. Rio de Janeiro: Marco Zero, 1983.

FESTER, Antonio Carlos Ribeiro. *Justiça e Paz*: memórias da Comissão de São Paulo. São Paulo: Loyola, 2005.

GREGORI, José. *Os sonhos que alimentam a vida*. São Paulo: Jaboticaba, 2009.

MIRANDA, Nilmário. *Por que Direitos Humanos*. Belo Horizonte: Autêntica, 2007.

MOSCA, Juan José; AGUIRRE, Luis Pérez. *Direitos Humanos*: pautas para uma educação libertadora. Petrópolis: Vozes, 1990.

SYDOW, Evanize; FERRI, Marilda. *Dom Paulo, um homem amado e perseguido*. São Paulo: Expressão Popular, 2016.

VANNUCHI, Camilo. *Vala de Perus, uma biografia*. São Paulo: Alameda, 2020.

Alameda nas redes sociais:
Site: www.alamedaeditorial.com.br
Facebook.com/alamedaeditorial/
Twitter.com/editoraalameda
Instagram.com/editora_alameda/

Esta obra foi impressa em São Paulo no inverno de 2021. No texto foi utilizada a fonte Georgia em corpo 11 e entrelinha de 16 pontos.